私人教练
绝对成单

田元棋◎著

中国言实出版社

图书在版编目 (CIP) 数据

私人教练绝对成单 / 田元棋著 . —— 北京：中国言实出版社，2017.5

ISBN 978-7-5171-2367-5

Ⅰ.①私… Ⅱ.①田… Ⅲ.①健身运动－教练员－基本知识 Ⅳ.① G883.25

中国版本图书馆 CIP 数据核字 (2017) 第 113101 号

责任编辑：代青霞
出版统筹：王战星
版式设计：蔡明羲
封面设计：北京书海传流图书公司

出版发行　中国言实出版社
　　　　　　地　　址：北京市朝阳区北苑路 180 号加利大厦 5 号楼 105 室
　　　　　　邮　　编：100101
　　　　　　编 辑 部：北京市海淀区北太平庄路甲 1 号
　　　　　　邮　　编：100088
　　　　　　电　　话：65924853（总编室）64924716（发行部）
　　　　　　网　　址：www.zgyscbs.cn
　　　　　　E － mail：zgyscbs@263.net

经　　销　新华书店
印　　刷　阳谷毕升印务有限公司
版　　次　2017 年 9 月第 1 版　　2022 年 1 月第 16 次印刷
规　　格　710 毫米 X 1000 毫米　1/16　15 印张
字　　数　255 千字
定　　价　48.00 元　　ISBN 978-7-5171-2367-5

◎田元棋与美国著名的销售员乔·吉拉德

◎田元棋与美国心理学博士、人际关系和情感问题研究专家约翰·格雷

◎田元棋与美国白宫的首席谈判顾问、国际首席商业谈判大师罗杰·道森

田元棋老师有一个梦想，即是以普及科学健身教育为使命，用最短的时间帮助更多健身追梦人实现梦想。

同舟共济扬帆起，乘风破浪万里航

◎ 2017 年 2 月 18 日，为庆祝 FCD 定制健身工作室开业邀请的导师组

◎ 2017 年 2 月 18 日，FCD 全国第一届健身交流大会暨 FCD 定制健身工作室开业盛典

序　言

　　当你阅读完这本书后，你将会对选择私人教练这个职业感到自豪！这个职业能为顾客送去健康，送去美好，这是多么崇高的事业！此外，当你领会掌握了书中的成交术之后，在你的职业生涯中将会一路阳光伴随，为你事业的辉煌打下坚实的基础。

　　说起健身私人教练这个职业，大家知道它是我国一个新兴起的职业，是伴随我国健身行业的发展而产生的。我们常说的私人教练，就是为健身爱好者提供一对一具体指导的健身指导者。私人健身教练进行的工作具有互动性、针对性等特点。对于有健身需求的人来说，私人教练能够适合不同健康水平、年龄段和经济收入的人群，通过提供个性化的健身计划和指导，服务于健身会员（顾客）。购买私人教练健身课程是提高体能，达到健身目的的一种较为专业、系统的方法和手段。对于每个上班族来说，购买私人教练的课程计划，聘请私人教练更有助于取得自己想要的健身效果。

　　我们知道，私人教练起源于西方。早在20世纪70年代末到80年代初，西方发达国家的私人教练行业就开始发展起来，并且逐步受到人们的重视，到80年代中期行业发展骤然升温。私人教练在我国的发展刚刚起步，行业规则还不成熟，基本上还处在野蛮发展的阶段；另外，私人教练自身的发展也存在着不尽如人意的地方，例如不少私人教练本身的知识储备不足、专业化水平不够，在工作中私人教练成交客户的方式方法单一，甚至有些私教违背客户意愿成交客户。这些因素，不仅影响了私人教练的社会形象，而且也使其课程销售业绩的提升变得举步维艰。因此，面对目前私人教练行业发展现状，出版一部关于私人教练如何成交客户的书籍，指导私人教练如何正确开展工作，对于私人教练职业的健康发展而言显得尤为迫切和重要。

为此，我作为一名具备多年私人教练职业经验的老兵，感觉到有义务、有责任将我多年来的成长经验和向世界顶级销售领域专家学习的经验分享给大家，以期对私人教练的发展成长有所裨益，于是撰写了《私人教练绝对成单》。书中总结了我从事八年多私人教练工作的经验，即从巡场教练开始，历经私人教练、教练主管、教练经理、教练总监直到创办"健身中国梦"平台等这一历程中的经验，也分享了美国著名的推销员乔·吉拉德、美国前总统克林顿和白宫的首席谈判顾问罗杰·道森、世界第一行销之神杰·亚伯拉罕、美国情感专家哈维·麦凯、美国人际关系专家约翰·格雷和国内一线销售培训导师刘一秒等人的销售心得。全书共有十三章，主要讲述了私人教练成交客户的方法和技巧，并突出强调在成交客户过程中的心理因素这一核心要旨，有理论，也有实战，一书在手，面面俱到。

通过阅读这本书，你可以知晓如何完成从专业私人教练到成交专家的转变，从而树立自己的自信心，找准自己的人生定位，合理安排自己的时间；通过了解私教课程成交术的十一个步骤，可以让你在教练工作中按照成交流程如行云流水般地成交客户；掌握如何预测会员反应并解答会员常用的二十三大借口以及成交术绝技，可以使你深入了解客户需求心理，从而做到在应对客户的借口时能够有的放矢，从而达到快速成交；通过熟悉会员营销的需求计、造场计等十八个计策，可以使你掌握行之有效的销售技巧；通过学习倍增业绩的诀窍，可以使你在成交客户中打破常规，从而使销售业绩倍增。我在书中介绍的场地开发经验，有助于你更深层地挖掘会员的潜在需求。需要说明的是，本书中的成交技术是根据我从业八年多的教练工作经验与向世界著名营销大师学习总结的精华浓缩而成的，在成书之前我已经用此成交技能帮助过数百名私人教练，并且得到有效见证，他们的业绩普遍得到了40%～200%的稳定增长。事实证明，如果能把本书中介绍的成交技巧转换到教练工作中，那么将会使你的工作效果立竿见影。

教练成交之道，法无定法，理无至理。在实际工作中，要善于举一反三，灵活运用，才能不断进步。

第一章
与自己成交

己所不欲，勿施于人。

——孔子

进入 21 世纪以来，随着我国经济社会的飞速发展，人们的生活水平不断提高，健康意识逐渐提升，选择去健身场所健身的需求也随之增加。再加上国家政策的推动，大城小镇的健身会所应运而生，遍布全国各地。其中专门提供私人健身教练服务的工作室也随着这股健身热潮悄然兴起。伴随着私人教练发展的白热化，私人教练队伍也遇到了一些问题，如私人教练的业务素质参差不齐，自己的课程成单难，顾客出现在会所的频率越来越低，死课越积越多，顾客持续训练次数越来越少等问题。要解决这些问题，需要我们换个位置思考一下，如果你是顾客，你会请一个具备怎样能力的教练？会购买这个教练的专业和服务吗？会主动帮助这个教练做转介绍吗？会持续向这个教练购买课程吗？

一、我会购买我自己的课程吗

不久前，我看到美国《时代周刊》登出的世界热门的前 20 种职业，私人健身教练位列其中。随着我国的健身行业进入黄金发展时期，健身私人教练也成了高收入的热门行业。全民健身热潮的到来，使私人教练行业必将迎来辉煌的黄金发展时期，而具有专业技能的私人教练也将会成为社会的宠儿。

在我招聘教练的时候，第一标准就是对方是否有专业培训机构的认证（这一点只是用来测试他们是否有基本的理论知识，仅此而已）。第二条标准就是他本人是否热爱健身。有没有一个"教练身材"，取决于他们平日里是否有一定量的健身和健身体验。作为一名健身教练，如果自己都不喜欢健身，自己都没有足够的健身体验的话，授课质量如何，那是不言而喻的。第三条标准就是对方是否具有良好的沟通能力。身材再好，专业再扎实，如果作为一个教练不会沟通，就不能够第一时间了解顾客的心理，也就不能把想表达的内容充分地传递给顾客。同样，课程效果也是会大打折扣。

每一个月我几乎都会面试 15 位以上教练，这些教练都是从不同层次的培训机构出来的。从面试的过程中我发现，他们虽然考取了证书，但是我稍微问一些简单的专业问题，打个比方：增肌的原理是什么？减脂的原理是什么？上一节减脂课程的流程是什么？做几个健身动作看一下……他们多数情况下都答非所问，而且大多数做出的健身动作也很不协调。

问一下自己，顾客如果购买你的课程，在本质上购买的是什么？是我的外在形象？还是我的专业知识？或是我的沟通能力？或是我的服务意识？在这其中，它们各占多少个百分点？

最好的学习是自我学习。仅仅在培训机构学习十天、一个月或者三个月，你觉得就能够完全掌握了一个教练应该具备的全部知识了吗？或者换言之，已上过课的课程全学会了吗？在我们的团队员工守则里，很多教练经理、总监每月只有业绩目标，没有给教练分配学习目标和任务，而我还制定了学习激励机制，不但业绩有要求，对学习也有要求。我要求教练每个月必须要有学习计划，并在月初制定目标，月底对私人教练进行考核。

作为健身私人教练，我们必须要掌握与研究学习有关的两个关键核心。第一，熟练掌握人体解剖结构；第二，准确把握人的心理，了解人心。可以这样说，我们在这两方面能掌握多少，我们在健身领域就能有多大的成功；如果二者兼具，那么你一定能成为行业里的顶尖人物。

对于我们私人教练要掌握的这两样关键的内容来讲，成交术则是其核心、精髓和要旨。

成交术，是一种由专业知识和服务意识打造的素养，而要塑造这种素养，首先要求你学会换位思考，就是站在消费者的角度思考，首先考虑一下自己，你销售的课程计划或者服务，你自己会购买吗？

有一年夏天我去兰州看朋友，兰州市皋兰山附近有家烧烤店，听说这家店已经营运了近三十年。我发现这个店里每天中午、晚上几乎都座无虚席。这个店面积很大，装修一般，到底是什么原因吸引了那么多顾客呢？我很纳闷。

有一天中午快到十一点的时候，我又从店门口经过，发现店老板带着一群服务人员坐在门口吃烤羊肉串，边烤边吃。旁边行人很多，他们路过都会不经意地望一下这位正在享受"饕餮大餐"的老板。

我站在附近观望，大约到了十一点半以后，开始来客人了。店老板让一部分服务人员招待客人，自己和门口那些服务员仍在自烤自吃，客人也越聚越多。我随便找到一个准备到店里吃羊肉串的人，问他为什么喜欢到这儿。这人很自然地说："连老板他们都抢着吃自己的羊肉串，这儿肯定错不了。"旁边另外一个人说："这家店的老板每天中午都带着自己的人在这儿吃午饭，我们看着放心。"这就是这家店生意好的原因之一。自己店里的羊肉串，老板和服务员都抢着吃，说明这里的肉质量好。在食品安全问题成堆的今天，有谁会拿自己的健康开玩笑呢？

如果你卖的东西，连你自己都不爱吃、不敢吃，别人会喜欢吗？你的生意会好吗？当然了，我们不能排除这个店老板是在用这种手段推销。即使是老板在促销，在做宣传，这种方式也很值得我们去思考和借鉴。

作为健身私人教练的我们，先问一下自己，如果你是顾客，你会购买自己的专业与服务吗？如果你的答案是否定的，建议你把此书买了先放在抽屉里暂时不要打开它；当你对自己的专业知识与服务意识满意的时候，再去学习它。因为成交术是一种技能，此书要寻找帮助的就是现在的你。

总之，面对我国健身事业蓬勃的发展前景，作为立志于健身事业的私人教练，你应当练就卓越的专业本领和铸造自己卓越的服务意识，掌握成交术，你才能在私人教练领域做出一定成绩来！

南宋词人辛弃疾有句诗，"壮岁旌旗拥万夫，锦襜突骑渡江初"，这是辛弃疾作为将领曾经拥有的辉煌；对我们私人教练来说，当你在私人教练领域拥有了卓越的本领之后，也会有成千上万的顾客聘请你指导他们进行健身。为他们送去健康，送去美好。你的未来将是何等辉煌、何等壮阔！

开创私人教练事业的美好未来，从现在开始用成交术打造强大的你！

思考：

你会购买自己的课程吗？理由是什么？

_____

_____

_____

经典重现

最好的学习是自我学习。仅仅在培训机构学习十天、一个月或者三个月，你觉得就能完全掌握作为一个教练应该具备的知识吗？

二、定位

目标正确，方向正确，方位搞清楚，远远比速度更重要。

——曾仕强

定位是我们经常说的词，那么什么是定位？如何定位？

所谓定位，《汉语大词典》解释为确定方位。曾仕强先生曾说："目标正确，方向正确，方位搞清楚，远远比速度更重要。"每位私人教练当初都有各种不同的原因选择了如今从事的私人教练工作，可以说很多私教不是因为自己热爱健身，就是被职位吸引。这些教练在选择做健身私人教练的时候没有一个很清晰的职业方向，即使入行多年的教练，或许还有很多仍很难找到自己的定位，他们每天都在忙于如何才能完成本月制定的业绩指标，邀约顾客上课，给顾客做计划、上课、开会等工作。每天忙碌在其中，忘记了应该先静下心来思考自己的职业方向。

（一）关于定位问题

1. 职业定位的误区

关于私人教练的职业定位问题，自己这些年在与许许多多教练的接触和交流中有颇多感悟。一般来说，大多数私人教练在公司出现人员流动、公司经营出现问题的时候都会产生危机感。我发现，多数教练在工作中遇到挫折的时候就会开始思考自己的职业方向问题，但是这样做出的决定通常是感性的。我们在定位自己职业方向的时候，建议一定要在状态最好的时候做出决定，因为这时候你的思路相对会更清晰一些，这时候做出的决定与改变才是偏理性的。

还有一种情况，就是有些教练自认为自己是全能教练，不管顾客有什么问题，在他那里都能解决。我们不能否认这样的教练存在，不过可以肯定这样的教练在目前是少之又少，很罕见。因为如果一个人能把一个专项做到极致的话，是需要在此领域上投入大量的精力、时间和金钱的。因此，不管你现在是刚步入健身私人教练行业的新人，还是在此领域叱咤风云多年的老教练，如果你还没有一个明确的定位，现在请用一些时间给自己一个清晰的定位。

2. 如何定位

找到你最热爱的专项。

美国发明家爱迪生曾说："人只要专注于某一项事业，那就一定会做出使自己都感到吃惊的成绩来。"这句话深刻地揭示出了专业专注是事业成功的基础这一真谛。只有做好了定位，才能专业专注。在做好定位之后，我们应马上付诸行动，采取大量措施进行针对性的学习，用实践加强你的专项。中国健身市场目前很需要专业的教练，很需要具备工匠精神的教练。只有专业型人才越多，中国健身市场才能持久、健康地发展；才能让更多的人认可私人教练这一职业；才能让更多的人改善亚健康，获得健康；才能让私人教练行业良性发展。

人们常说，只有专家才是赢家。倘若我们不给自己一个专项的定位，就很容易迷失方向，就会如水中浮萍，随风飘荡，无落地之根，就不知道如何有价值地投资，有针对性地学习。很多教练看似学习了很多专业课程，其实，每一项都没深入了解与掌握。

有了定位，就如在地图上搜索我们要去的目的地一样，选择好交通工具，开始出发，不管路途会遇到什么交通情况，到达目的地只是时间问题。

目前教练的方向定位主要有：康复教练、拳课教练、增肌、减脂教练、青少年体能训练、领导者、培训师、创业者、投资人等。

3. 怎样才能做到专注

有了明确的定位，那么你就应当做到专注，怎样才能做到专注呢？

第一，提高这件事情的优先级。告诉自己没有第二次机会了，在内心深处告诉自己做好专业教练是最重要的事情。回想我们经历过的高考，大部分人会很努力或表现得很努力，因为大多数人都把它作为自己唯一的选择和努力的方向，那么这样具有最高优先权并且紧迫到没有第二次机会进行重新选择的事情，就会迫使你将自己的全部精力都放在高考上。拿高考作为类比，我们选择专注于私人教练这一职业，就应当有破釜沉舟的魄力和定力，才能走好入职私人教练的第一步。

第二，要心无旁骛。我们身边有太多的诱惑，很多事情都比当前最重要的事情更有吸引力，很多机会都可以让我们分心走神，所以我们有时候可能即使认识到事情的重要性，但是也很难专注于此，这就是个习惯的养成问题。有些人在做一件事情的时候，习惯于把别的事情都屏蔽掉，让自己沉浸在这件事情上，这是一种习惯，这种习惯需要养成；当然，有些人可能一直都属于低级警备状态，他们没有特别专注地做过一件事情。还是以高考为例，有些人也很努力，或者说表现得很努力，只是仅仅认识到了事情的重要性，但是习惯上不能养成专注做事的风格，那么他也可能考得不错，去了一个尚且可以的大学，当然他可能不知道自己如果更专注于做这件事，就有可能做得更好。所以任何时候都放下旁骛，让自己远离它们，把它们封闭到别的世界里，告诉自己 Just do it！让深耕专业教练事业成为你心中的唯一选项，也就是说要树立起自己的结果思维。

第三，提高自己对从事私人专业教练的自信心，甚至是绝对的自信。心理学认为，专注在潜意识上也是一种自信的体现，如果对于一件你很有把握的事情，人们往往在潜意识里会认为自己能获得相应的成效，所以就会驱使自己更愿意去做这件事情，无时无刻都会联想到这件事情。对一件事情有绝对的自信，那么在做这件事情的时候就会有绝对的专注。

第四，要有持续行动。我在带领团队的时候，经常会定期或不定期地同每一位教练面对面、一对一地沟通。沟通一些他们的职业方向跟当下遇到的困惑和问题。在沟通中，我会问他们在做出定位以后的进度情况，也就是定位之后的持续行动情况。持续行动是非常关键的，确定了自己的专项定位后，最关键一个就是持续行动。持续行动对于实现自己的定位目标来说是非常关键的，没有行动，自己做出的定位就等于空谈。很多教练是定位以后就不行动了，如果不行动了，久而久之就会变得迷茫，然后就会不再积极去行动了。只有我们持续行动的时候，我们专注的事业才会获得更多成绩；只有在我们获得更多成绩的时候，我们的事业才会慢慢开始有一定的结果；当一点一点的结果积累得更多的时候，我们就不会轻言放弃，因为我们一直在路上。当然，在我们坚持专注做一件事情的时候肯定会有一个煎熬的过程，那就是寂寞、无聊，并且可能会有一段时间还看不到成效，因此很多人就是在这个阶段选择了放弃。需要指出的是，只要坚韧地坚持下去就会有好的结果。作为私人教练的我们，请规划定位好你的职业方向，别人永远给不了你未来，只有你自己通过持续行动才能决定自己的未来。

（二）定位的经典案例

每个人在自己人生的某个阶段都会遇到困惑，在这个过程中会有诸多打不开的心结，我也不例外。现在我和大家分享一下自己的定位历程，希望对大家有所帮助。

我从 2009 年开始从事健身行业的工作，刚开始从一家健身俱乐部的会籍顾问做起，后来又转成巡场教练。几年前在上海的健身会所里是有巡场教练的，现在的健身会所已经没有巡场教练了。再后来我通过培训考核升职转成私人教练，2010 年开始从事私人教练工作。做到 2012 年的时候，我开始出来自己创办工作室，找了两个合伙人，一起开了一家工作室，取名"叁友健身"（上海叁友健身发展有限公司），也就是现在的"PF 健身工作室"的"前身"。当时的法人是我，工作室经营了半年左右的时间。这个阶段属于我定位不清晰的时期，自己的整个职业生涯是非常迷茫的，整天在思考我的职业生涯怎么规划。那个时候我的工作室开在上海宝山，位于宝山最繁华的商业中心宝莲城，在长江边上。有时候我会开车或者步行到海边，每周我会去一两次。我不断地思索，我该何去何从？因为这时期我处于迷茫阶段，在这个阶段觉得自己什么都可以做，但是又不知道怎么去做。既有自我膨胀的欲望，又有自卑的表现。但有一点我思路非常清晰，就是我一定要从事健身行业。就这一点来看，对我来说是比较幸运的，至少我确定了做什么行业。

思考了我的长处、优势和短板之后，我在纸上写下了我最擅长的是什么，我现有的能力是什么。通过对比我得出结论：健身行业是我最热爱的行业，健身行业的技能也是我最擅长的。这样，我就把行业定得很清楚，那就是健身行业。健身行业又分为两类，就是专家和领导者。我是成为一个专家呢，还是成为一个领导者呢？所谓健身行业的专家就像医生行业的医师级别一样，属于专业技术性的人才。我当时想，我要成为这样的专家呢，还是成为医院的院长等管理级别的人？成为院长级别的人我又如何运营整个医院？也就是说我要成为一个研究专业方面的教练，还是成为一个健身行业的领导者、管理者？这时，我又不断地发问，我究竟热爱什么，因为我想这一次的出发，不能盲目，必须找准方向选择好奋斗目标后再出发。究竟方向在哪儿，在我心结还没有打开的时候，那时的自己是很难决定下来的。想让自己的思路更清晰的办法就是自己先做、先行动起来，在行动的过程中去找方向而不是原地不动地去空想。只有自己跨出去了，才知道自己怎么走，在原地踏步是永远不知道自己何去何从的。我清醒地知道，我自己一定要走出去！这也是我当时听了一场演讲受到了启发以后做出的决定。那是在2012年的时候，听了世界华商会会长李农合先生的一场演讲之后，我感受和悟到了很多。李农合先生说："只有去不断地尝试，你才能知道你究竟热不热爱这项工作，你只有做了才会知道选择。"受到这场演讲的影响，我不断地自我沟通，告诉我自己一定要走出去多学习。当自己想不明白的时候一定要先行动，因此我就去跟健身行业中比较优秀的老师学习，学习体能训练，学习康复课程，学习私教课程的许多专业知识。

在学习的过程中，我不断地反思自己的职业生涯，是否喜欢自己从事的行业。因为当一个人热爱一项事业时，他会竭尽全力非常用心地去钻研，去努力把这项事业做得更完美。我不断地尝试我的兴趣点，尤其是在做康复课的时候，起先我觉得自己对康复课有些抵触，然而好奇心驱使我去学习和了解；但是如果真正让我给别人做康复的话，却不是我乐意而为之的。在后来的一次培训会议上，我发现在小组里面自己的学习力和领导力特别强，沟通能力和演讲能力特别好，我发现自己最爱跟人打交道。热爱与人沟通的程度远远大于热爱专业的程度，并且与人沟通更能够激起我的热情。就是说我要研究人体的身体结构呢，还是研究人的心理这两个选择。面对这两个选择的时候，我发现那个阶段的自己对研究人的心理特别感兴趣。所以，我就找到了自己的定位点，就是我要成为一个卓越的领导者，我非常具备这方面的潜力和优势。一般来说，一个人的优势通常情况下是对方告诉你的，一定是反馈后得出来的结果。就如一个女孩漂亮与否，不是这个女孩看自己是否漂亮，而是别人对她的评价。那时我得到的反馈结果就是我非常适合做一个领导者，并且我也有这方面的潜能和激情。做一个教练一定要懂专业知识，我懂专业知识，但具体做不做是另外一回事；就像一个银行家，他要懂得银行的业务，但是不一定非得站在柜台前为顾客办理业务。对于做一个领导者的资格来说，我的专业知识已经掌握得足够扎实。这些年来，我学了很多专业知识，这对我的领导力的帮助是很大的。举例来说，教练来找我谈业务的时候，面对不同类型的顾客我都能告诉他来龙去脉。虽然作为领导者来说，他可以不是专家，但是必须要掌握一定的专业知识。为此，我平时不断通过各种途径学习专业知识，特别是以前我参加的国际健身研讨会，接触了许多世界级的顶尖专家，从他们那儿我学到了很多知识，这对我的领导管理能力的提升是非常有帮助的。

在这期间，我始终不断冷静地思考着，是继续在三友工作室干下去，沿着私人教练这个职业继续发展呢，还是到外面去学习，锻炼自己的领导能力？由于当时我已经定位要成为一个优秀的领导人，更重要的是，要实现这个目标必须学习，在实践中不断提升自己的领导能力。如此一来，在工作室里获得的经验便具有很大的局限性了，并且存在非常大的不足。因为我既要让工作室正常运转，还要保证大家的吃饭等问题，在生活工作方面面临着较大的经济压力。并且我明白自己在管理运营上的能力和经验都非常不足，如果沿着当时工作室的运营思路持续干下去，我不会有太大的发展前景。更为重要的是，在工作室这个狭窄的空间里，作为一个优秀的领导人所必须具备的各种能力是很难得到提高的。既然我的目标已经定得很明确，接下来就要制订出实现目标的计划措施。于是，我决定离开我的工作室，到外面有实力的俱乐部去锻炼。

我知道要到外面去闯，得到自己想要的东西，必须选择创业型的俱乐部，因为这种类型的俱乐部在经营管理等各方面都处于一个上升的发展期，在这种类型的俱乐部工作能够很好地锻炼自己各方面的能力，特别是能够提高我的领导能力。出于这种考量，我先去了上海一家比较成熟的健身俱乐部学习，在那里共用了一个月左右的时间进行学习。在这一个月里，我的学习目的是什么呢？那就是了解当下的健身教练的工作模式、管理方式是怎样的。在了解掌握了这些情况之后，我按照自己制订的实现目标的计划，选择了徐汇的一家创业型的健身俱乐部。我在那儿按照标准去训练，按照标准去约束自己、要求自己。所以，经过一段时间，我很快地成了一个领导者，成为教练经理。后来我渐渐发现，那家俱乐部没有明确的发展战略，俱乐部的经营基本上处于"超稳定"的发展趋势之中，再在那里训练拓展我的领导能力已是"画饼充饥"了。如果我要实现不断地去提高自己的领导能力的计划的话，必须得离开这家俱乐部。就在这时，我的目光转向了另外一个平台，是一家韩国人开的会所，这个平台能为培养和提升一个人的领导能力提供较多的机会，很适合我当时的需求。于是，我以教练经理的身份去应聘。我入职以后，就像开始刚从工作室里走出来一样，也是我独自一个人从组建团队开始做起，慢慢发展起来的。由于这家韩国公司也是一家创业型的公司，正好处于公司事业蓬勃发展的上升期，为塑造和拓展我的领导能力提供了很多机会。此外，更为关键的是我还可以赚到钱，能够为我今后事业的发展储备一定的资金。在这家韩国公司里，我也是从起点做起，从教练经理到总监，也做过一段时间的店长。和我在徐汇遇到的情况一样，我在这家公司履职了两年的时间，我也遇到了和徐汇的那家会所同样的问题，就是从训练拓展提高我的领导力方面考虑，这家韩国公司的发展也处于饱和期，在经营管理方面陷入停滞阶段，这也就再次满足不了我的领导能力拓展训练的需求了。不论在何种情况下，我的定位始终坚定明确，我的领导能力要日日更新，最终要实现我的梦想。

　　功夫不负有心人，经过这三年的领导力的持续拓展训练，我的综合领导能力已经得到大大提升，我已经具备了自己创业的能力了！于是，我义无反顾地决定自己创业。现在回顾当时那三年的领导能力提升训练，感触很深，这三年的实践对我创业有着非常大的帮助，没有那三年的砥砺，就没有我今天的事业。首先，我赚到了创业所需的资金，这很重要；再者，我还拓展训练了自己的综合领导能力。这和我当时从工作室出来的思路完全吻合，都在实现自己的定位目标所制订的规划范围之内。按照我的目标规划进度，现在我开始着手创办"健身中国梦"这个平台。我所取得的这一切成绩，都来自当时我有一个非常清晰的定位，因为我知道我要什么，然后我知道我应当怎样做；也就是说，在这个行业里面，我首先应把自己定位成一个什么样的角色，再者为实现这个目标我应怎样去努力。

现在，我和教练们分享的经验就是，当我们把自己定位好了以后，自己的工作随之就会有一个很清晰的计划和规划展现在面前。我们教练就可以少走一些弯路，在为目标奋斗的征程上始终有阳光伴随，更早地实现自己的梦想。

思考

你为什么选择私人教练工作？你专注的是什么？

_____

_____

_____

经典重现

1. 定位正确，方向正确，方位搞清楚，远远比速度更重要。

2. 中国健身市场目前很需要专业教练，需要具备工匠精神的教练。

3. 倘若我们不给自己一个清晰的定位，就会很容易迷失方向。

三、我的私教课程价值千万

两种东西对自信功不可没：自我效能和自尊！

——约翰·亚瑟（美国著名的营销管理大师）

当你有了明确的定位，有了属于自己的"产品"之后，现在你需要做的事情就是建立信心。上一节最后我概括地讲到了要树立对从事私人教练生涯信心的重要性，现在我谈一下如何树立从事专业教练的信心问题。

现在首先请大家看一项调查数据：

2004 年，哈佛大学对 100000 名 B2B 销售人员进行的调查结果显示，4% 的销售人员完成了 94% 的销售业绩。作为销售总经理或招聘经理，招到业绩高、素质好、高效的销售人员是每位经理的期望。那这些高绩效的销售人员，他们具有哪些三头六臂？他们的突出特质又是什么呢？

美国亚瑟职业潜能管理中心根据对 380 万营销人员进行的跟踪评估，得出的结论是 4% 的营销人员具有较高的社交自信的得分。如果得分指数是 0 至 100 分，那么优秀的销售员至少是 80 分以上。美国营销大师菲利普·科特勒在其《营销管理——计划、控制、实施与执行》一书中说过一句经典的话："害怕拒绝和失败是营销人员最大的天敌。在我们工作中，销售经理也会经常发现，对产品永远的信心，他的乐观、勇往直前，积极主动等特点，你并不能长期输入给他们。"

巴菲特曾说："我只要具备两样能力，我就会从头开始：自信，和我认为正确的事情持续地做，我就会成功！"

这句话也是我向我们私人教练要说的最关键的内容。

（一）自信是教练最需要的特征之一

有些人认为，自信可以用肯定和积极的思想来建立。作为思想工具，我们相信它包含某些真理，但是通过设定和达到目标来建立自信也同样重要——从而建立能力。没有这个最基本的能力，你就不会有自信：你的浅层次的自信，会带来混乱和失败。好消息是建立自信最容易实现的方法，就像只要你有重点有决心去贯彻某事。更好的是你为建立自信所做的事也会构建成功，最终你的自信会从你真正坚实的成就中来，没人可以拿走它。

我相信每一位教练都知道自信的重要性。但是，自信不是口头上说自己自信就自信的，而是要自己内心真正地认可自己的专业技能、授课经验，这样你才能真正地自信。使自己自信的途径，主要来源于两方面：一是学习过的专业知识，二是成功的顾客案例经验——顾客见证，而这些知识与经验都是需要教练长期地坚持不懈才能够获得的。成功的累积会铸就你内心的强大，自然而然你就越来越自信了，做起事来你就越来越会得心应手，而且还会有一股潜在的非常大的力量，意想不到地促使你快速前进。你不断地与顾客沟通，给他们授课指导，就会锻炼你良好的为人处世能力以及良好的沟通能力，同时它还提升了你的情商与智商，让你对这个职业的领悟也会更深一层。

（二）自信是有数据支撑的

在这多年的教练工作中，我感悟最深的是当你找到自己的定位并找到了属于自己的"产品"，不管选择专注于哪个专项，你现在要做的第二件事情就是建立强大的信心。

有时教练们在谈业务的时候，我会在这些教练后面假装拿着一个文件夹在旁边办公，听一下教练在谈业务的过程中哪里做得比较好，哪个环节需要改进与提高（我已要求教练自己买一个录音笔放在身上，谈完自己听一下）。结果发现，多数教练在体测环节、给顾客做计划环节，包括上体验课，都是非常自信，但是到了成交环节要求顾客付钱的时候，信心瞬间减半了！如果能用摄像机记录下你当时的状况，你可以发现你的声音与脸色都不一样。当然你自己在要求顾客付钱的时候心理处于什么状态，你最清楚不过了。

再如，你在工作中会找到这样的规律，即当你状态最好、最自信的那几天谈业务，成单率比平时要高很多。对于教练，怎么样才能最有自信？就是每天都有成单，因为成单后的感觉对于教练来说工作状态会得到提升。一单一单见证自己的方法与付出是有效的，这时自信心会爆棚。反之，是什么最容易导致教练没有自信？就是平时谈业务相对来说不错的教练，如果让你连着谈十个八个顾客都没有成交，你的信心会严重受到影响。从中我找到了一个规律，一个教练必须随时保持一个好的状态很关键，它会形成一个良性循环。

在工作中你会发现，教练团队总业绩是团队里 20% ~ 30% 的教练所产生的。你观察一下，团队里业绩做得最高的教练是专业知识最好的教练，还是最有自信的教练？一定是最有自信的教练（我在这里不是说专业不重要，是想告诉你教练不单要懂专业知识，想要提高业绩，更需要自信），还有教练在工作中一定要不断去尝试解决一些别人解决不了的问题。

教练的自信来源于哪里？顾客不管有哪方面的问题在你这里可以得到解决，你具备解决问题的能力越大，自信就会越足。人什么时候容易没有自信？是对这件事情自身的知识面与经验感觉不足的时候。比如一个肩关节需要康复的顾客找你，但是你的专业知识只能胜任减脂顾客，这时候你能很自信地跟顾客说，你能帮他解决吗？当然，如果现在是一个需要减脂的顾客来找你，你已经有过 30 多个在你这里减脂成功的经验，你面对这个顾客的时候，你的自信心会怎么样？

基于此，关于自信，下面我从四个方面来与大家分享一下我的观点。

1. 多参加业务技能培训

私教技能培训是一个充电的过程，现代健身行业的发展日新月异，只有通过不断地参加培训，我们才能跟上形势的发展。我们参加的培训时间多了，掌握的私教理论知识与技能也会水涨船高，不断得到积累，在工作中才能自信满满地指导顾客，因此这是增加自己自信的基石之一。

2. 多花时间用于学习

私人教练的学习是多方面的。狭义的学习是指私人教练职业理论知识的学习，广义的学习则包括执教经验的吸收和总结。如果仅靠现有的知识，而不去花费精力学习新的知识和经验，那么你的课程就成了无源之水，你就江郎才尽了。对顾客来说，你的那老一套的课程他们就会失去兴趣，他们就不喜欢上你的课。唯有不断地学习，才能使自己的知识不断地更新换代，也才能让自己充满自信地站在顾客面前，讲授自己的课程。

3. 多积累顾客见证

俗话说，财富来源于积累。我们私人教练财富之一的顾客见证靠的就是积累。凡是我们接触过、指导过的顾客，都应将其参与健身前的身体参数、健身目标，购买了我们的课程经过训练之后身体参数的变化、健身目标的实现情况等信息以资源库的形式加以存储积累，日久天长，你就会觉得面对顾客时你有讲不完的课程，原因就在于你有充足的顾客见证数据支撑。你已经让那么多的顾客摆脱了亚健康，让那么多的顾客焕发了青春，有这么多顾客见证，在面对顾客时你还能不自信吗？

4. 多一些物质激励

目前在健身行业普遍存在的现象就是顾客上课的频率和次数较少，进而导致不少教练对自己的课程缺乏信心。那么我们如何突破这一关口呢？有效的方法很多，关键是看我们私人教练如何把握。较为实用的则是经常给顾客一些物质激励，让自己的课程有吸引力、有趣味。我们私人教练可以对经常上课的顾客按照不同的上课频率给予不同的物质激励，这样就能在一定程度上提高顾客的上课频率，我们也就有更多的推介自己课程的机会，我们的信心也将会大增。

自信，它是有数据支撑的。努力不断地学习与实践，为自己的自信心提供足够的支持。支撑点越多，自信心保持越持久。我们不能盲目地自信，今天前面有6米长的大坑，你说你能跳过去，结果会怎么样？摔得很惨！这是盲目自信的结果。

（三）成交是信心的传递

记住，成交是信心的传递、情绪的转移！

我们身边都会有这样的教练，专业知识很丰富，服务态度也非常好，结果在要求顾客掏钱购买自己课程的时候，瞬间就没有信心了。你心里反射出来的自信与不自信，顾客是能够感知的，连你都不敢很坚定自己是否可以帮助他解决问题的信心，他怎么能相信你？他怎么能购买课程？我相信，任何顾客都不乐意去跟一个缺乏自信的教练购买课程计划方案的。有的教练可能会说：我没有不相信自己啊，只不过就是说到钱，就不好意思。那既然你是很相信自己，为什么说到钱就不好意思了？要不然是因为你的"产品"真的不能帮助顾客解决问题？要不然就一定是心里恐惧了，觉得自己的"产品"不值你所说的价格。

我们现在来做个体验！现在准备一个价值100元人民币的东西，然后用10元人民币的价格卖出去，卖的时候仔细体验一下，看一下你的心理反应是什么？行动去试一下，是不是会有人抢着买，如果有人不买你的东西，你会怎么想？结果是谁的损失？你卖的时候会不好意思吗？不会，你一定会理直气壮，原因是顾客只花了10元买的是你价值100元的东西，对不对？

解决心理恐惧的方法很简单，我们首先要知道自己的课程值多少钱，而顾客只花了十分之一的价格购买，这样你卖课程的时候信心就有了。我们说健康是无价的，这个谁都知道，这样太概念化，要将无价的原因进行细分，然后告诉顾客。例如，一个脂肪超标的顾客，通过你的专业辅导，最终让他得到了一个健康的身体，一个性感标准的身材，养成了一个良好的健身习惯，学会了一套科学有效、适合自己的健身方法等。另外，我们不要担心顾客因价格问题而拒绝购买我们的课程，这时要理性地分析顾客是否会拒绝购买。如果我们被拒绝了，很多人都会说，"不是我们的错，是顾客太笨了，不了解我们健身课程的价值"。但不幸的是，在很多情形下真的是我们太笨了。不过，必须认识到，有些时候，顾客说的不是"不"，而是"不是时候"，将来他们也许会改变想法的。这时候，如果我们继续和他们建立人际关系就会为以后的成交做好准备。再者，我们的教练要认识到成交其实只是个数字游戏，需要的只是大量尝试，没有尝试就等于没有成交；另外重要的一点是：要把拒绝当作成功，因为被拒绝是一个宝贵的经验，同时去分析被拒绝的原因，并从顾客那里取得反馈。当然，更多地专注在高成功率的成交上，而不是专注于会给你带来更多挫败感的顾客上也很重要，尤其是在你需要信心的时候，做到这些，心理恐惧自然会逐渐消失。

（四）任何一个课程延伸下去都会价值千万

我想任何一个课程延伸下去都会价值千万！现在就以养成一个良好的健身习惯为例，如果养成了一个好的健身习惯，身体就会随时保持一个好的状态，有一个好的状态，每天工作效率就会提高，那么就有可能一个月多赚五千、五万，甚至五十万、五百万。这样的良性状态如果持续保持 10 年、20 年、50 年能多赚多少钱？再加上性感好身材的价值，以及我们教会顾客的健身专业知识技能的价值，你现在可以按照刚才我说的逻辑思维换算一下，值多少钱？任何一个课程延伸下去都会价值千万！这绝不是虚言妄语！你再去卖课程给顾客的时候还会不好意思吗？

刚从事健身私人教练工作的教练有时会问，我刚培训出来，没工作经验，怎么建立自信？我现在告诉你吧！你学习到的专业知识已经可以帮助很多顾客了。

私人教练卖的不仅是专业知识，还有服务。经验是积累出来的，谁都不是天生的，你现在要做的就是不要停止专业知识的学习，要不断地去实践。

成功是每一个人的梦想，可成功不是从天上掉下来的，而是通过不断地修炼、积累而获得。只要努力提高专业知识和能力，追求专业教练领域的全面、深入发展，你也一定能够构建私教领域成功而幸福的大厦。

如果你准备好了，你真的想做一名出类拔萃的专业私人教练，你真的想为顾客的身体健康做些有意义的事情，你真的想为下一代的健康留下点什么，朋友，请不要再犹豫了，看完此书，立刻带着满满的自信去行动吧，你一定会有收获。

（五）要大胆地亮出自己的价格

当下教练行业有这么一个现象，就是哪怕是资质再好的私人教练，在与顾客谈业务的时候，只要一说到钱，这个教练马上就不好意思张嘴了。这种现象很普遍，不管新来的教练还是资格较深的教练都存在这样的问题。

任何问题的背后都是有原因的。出现这种现象的原因很简单，基本上都是教练担心一说出价格就会吓跑顾客，那么前面对这位顾客进行营销时所做的一切努力就会付诸东流了！

其实，这种担心是不自信的表现。想一想，我们教练的课程都是智慧的结晶，都是为顾客的健身制订的最佳方案；为了让顾客达到健身目标，我们的课程凝聚了多少心血？从另一方面讲，我们的健身方案让顾客摆脱了亚健康，塑造了健康的身体，如果用价值换算的话，顾客的健康能用多少钱来衡量？假如顾客的亚健康持续下去，进而患了疾病，能用钱换来健康甚至生命吗？还有，当顾客拥有了健康的身体之后，就有用不完的精力，发挥不尽的潜能，他创造的财富将会是在没有购买我们课程前的亚健康状态下的多少倍？

上面我已经讲了，任何一个课程延伸下去都是价值千万的！顾客付出的钱是购买在某一阶段达到的健康目标的价格，而能够"出售"他们健康目标的就是我们的课程。因此，我们私人教练应当自信大胆地说出自己课程的价格，如果说我们的课程是健康商品的话，那么我们的价格也是遵循商品"等价交换"原则的。

当面对顾客的时候，我们要大胆地亮出自己的价格！

💡 **思考**

任何一个课程延伸下去都会价值千万，你怎么想？

_____

_____

_____

🎬 ▶ **经典重现**

成交是信心的传递，情绪的转移。

先相信你自己，然后别人才会相信你。

自信是有数据支撑的。

第二章
明确自己的目标

灵魂如果没有确定的目标，它就会丧失自己，因为俗语说得好，无所不在等于无所在。

——蒙田（法国作家和教育思想家）

在前面，我讲了教练要有自己的定位，有了自己的定位就要有目标。我要说的是，私人教练每天、每周、每月、每季度和每一年都要为自己设立一个明确的目标、明确的业绩目标。请记住在这里不是笼统、模糊的目标，而是明确、具体的目标！

一、为什么要设定明确的目标

从我的团队以及以前的工作经历中发现，我身边的许多教练在很多方面建立的目标或者方向都是不明确的。就拿他们的业绩来说，这个月他完成五六万、十万的业绩，他们可能说我定的目标在那里，但是这个目标不是明确的目标。制定明确的目标是很关键的，所谓明确就是指我们一定要努力达到或者实现这个目标。很多教练还不会为自己设立一个明确的目标，或者只做一个简单的计划，过不了几天就忘掉了，慢慢地也就淡化了。从这一方面来说，持续坚持是很重要的，有了明确的目标，还需要不断地提醒自己要坚持下去，这一点是很关键的。很多人都想赚钱，很多人都想挑战更高的薪水；但是，这种想法只是昙花一现，时间一久也就忘记了他当初做出的计划和设定的目标是什么了，又回到了他原来的状态，这是目前大多数人最容易出现的问题。那么，为什么很多人没有为自己设立一个明确的目标呢？一是不知道目标的重要性；二是教练不明白如何制订一个明确的计划目标及为实现这一目标采取的方案措施；三是因为教练自身自信心不足，担心如果达不到这个目标会对自己产生较大的负面影响。一般来说，第三种情况较为常见。美国的大发明家爱迪生曾说过："一种思想所产生的力量，可以超过一个世纪的所有人、动物和发动机所能产生的力量。"这句话的意思是，我们在制定工作目标时首先要发出一种信号：我一定要完成这个目标，并且拥有坚定完成这个目标的信念。我再次强调一下，教练树立一个明确的目标是非常关键的。只要制定了某一个非常明确的目标之后，才会有行动方案，并且只有明确了目标之后，才能充分挖掘利用一切可以动用的资源，你的潜能才能充分地得以发挥。我们在设定目标时，一定要同时制订出完成这个目标的周详的、切实可行的计划方案。

以我为例，在我为团队制定销售目标的时候，在月初的第一天我会让队员稍微放松一下。每个月30天的时间里，我会按照25天制订明确的目标方案，就是说30天的目标要用25天来完成，用5天时间来补充。如果我制定的目标是用30天的时间来完成，那么我们的团队就会很仓促，有可能无法按时完成目标。所以，我建议教练制定月度目标时，一定要拿出5天的时间作为工作完成情况的补充，否则的话就会措手不及。许多教练在月底的时候一般会非常忙，我有效地化解了这个问题。我自己独自做业绩的时候就用上面的方法，从月初的1号到25号每天都要做出很详细的计划目标，然后用五六天的时间做补救，这段补救的时间就会相对宽松一点。俗话说，"要赢在起跑线"。平时我最多花1天的时间进行调整，做这一个月的明确规划，在月初就投入紧张的工作中。我把这种方法复制给团队中的每一位教练，一般而言，当有基础性业绩的时候，我们开展工作就会非常顺利，并且在团队中有自豪感。当教练找到这种感觉的时候，事业就会很容易成功的。当你很压抑地做事情的时候，最后的结果一定会不理想，哪怕你有能力也是发挥不出来的。人的能力什么时候发挥最好？就是自信心爆棚的时候，感觉最好的时候。如果你承受着一个很大的压力做事情，你的想象力就会很有限，原来有十分的想象力只会发挥出六分。所以，从月初开始我做得就很好，我就没有了那种压力，自然而然我的能力也就会顺利地发挥出来了。这个时候我已经超越了很多的同事，走在了他们的前面；到了月底，同事们非常忙的时候，我已经把目标完成了，心情就会很放松，开始为下一个月做准备了。

在制定月初目标的时候，首先要制订行动方案。假设我本月要完成8万的业绩，最重要的是我们不是如何实现这个目标，而是为何要实现这个目标？"为何"比"如何"更重要。有些教练在设定目标时只是把一些数字定下来，这种方法的最大缺陷就是基础很不牢靠，同时，达成目标的欲望不够强烈。

案例直击：女教练设定目标的原因

在我的团队里有一个很典型的事例，就是有一个女孩每个月都要到医院治疗牙齿，她的牙齿需要做手术，每月需要花两万多块钱的费用。所以，她每个月的目标非常明确，就是12万的业绩，然后每个月要上120多节课。后来我问她原因，她明确地告诉我，如果达不到这个目标，她每个月的房租、生活费就会没有资金支付，生活、工作必定陷入困境。并且不制定这样的目标也不行，家里没钱，父母指望不上，只有靠自己努力工作了。这就是私教为何要设定目标的原因，如果达不到这个目标，就没有钱来维持生活。

制定完目标之后，其次就是如何实现这个目标。其实当你有了完成这个目标的强烈欲望时，你的措施也就显而易见了。方法是工具，最重要的是我们的思想信念，思想信念是一切的核心。正因为有了很明确的动机和强烈的愿望，你才会想尽一切办法实现这个目标。所以，思想是我们的灵魂，如何实现目标是在有了明确的目标的时候，实现目标的方法措施便会水到渠成地出现在你的行动中。当我们能够充分说服自己为何要设定这个目标时，有了这个思想的时候，我们再找工具得到想要的结果，那就非常容易了，世间所有的事情都是思想的结果。方法就是因为我们有目的而自然生出的。拿我国的航天事业来说，奔月是我们其中的一个目标，是中华民族腾飞于世界民族之林的象征之一，是复兴中华民族的使命，有了这样宏伟远大的蓝图，我们才研究出了如何奔月的具体方法，才最终实现了这个目标。总之，作为私人教练，在为自己设定明确的目标时首先必须说服自己，只有这样才能坚定立场，排除万难实现这个目标。目标就是我们的思想核心，有了这个核心，我们才会有实现这个目标而奋斗的动力。

二、如何实现自己的目标呢

很简单，还是以我们制订的 8 万元的计划为例。如果 10 个顾客能够谈成 3 个，每个顾客平均成交 3000 元（这些目标都是可以数据化算出来的），我们的成单率就是 30%，10 个顾客能够为我们创造 9000 元的业绩。成交 8 万的话，需要成交 27 个顾客，每人成交金额 3000 元，成交总金额就是 8.1 万。这就是我们推算出来的数据，如果需要 27 个顾客才能完成 8 万目标的话，按照 30% 的成单率计算，我们至少要见 90 个顾客。这就是说，只要与 90 个顾客进行有效的沟通，推销我们的私教课程，8 万的业绩就能够完成。当然我们可以提高成交率，如果每名顾客的成交金额是 6000 元，我们只需要约见 45 个顾客就能实现 8 万元的目标。总之，根据成交金额、成单率就可以计算出实现目标的工作量，剩下的就看我们的具体行动了。接下来，我们需要做行动方案，再用成交术的流程去成交，就会大大提升成交率，目标就更容易达成了。

三、实现目标的步骤

具体来讲，设定目标需要九个步骤。

（一）列出实现目标的理由

就是上面讲的为何要实现这个目标，实现目标对你有什么好处；如果未能实现，将会给你带来什么不利的影响。把实现目标的理由要考虑充分，然后把实现这个目标的理由记录下来。

（二）设定好时限

也就是要求自己分阶段地完成目标。如前所述，按照每月 25 天的计划进度期限，目标计划要制订规划出每周完成的量，这个量是可以推论的。还是以上面的例子为例，如果每名顾客成单金额是 3000 元，完成计划目标需要约见 90 名顾客，每月按照计划规定的 25 天计划，每天需要有效约谈沟通 3.6 名顾客（我们按 4 名顾客安排），这样一周需要谈 25.2 名顾客（我们按照 26 名顾客进行安排），按照我讲的成交流程进行销售，每天需要成单 3200 元，每周需要成交金额 22400 元。同样，如果每单 6000 元，我们可以一次计算出应当约谈 45 名顾客、有效沟通 1.8 名（按 2 名）顾客、一周要有效沟通 14 名顾客等指标。如果只有目标而没有达到目标的时间期限，目标的实现将会遥遥无期。因此，目标的制定一定要有时间和期限约定。

（三）列出实现目标所需的条件

实现目标所需的条件可以用具体的实例来说明。现在，我就以上面制定的每月实现销售 8 万的目标为例，为了达到这个目标，我们都需要哪些条件？首先必须要有专业知识、专业技能，再就是需要具备与顾客沟通的谈业务技巧、科学有效的谈业务流程，等等。就是说，我们要把实现这个目标应当具备的条件逐一详细地列出来。

（四）为实现目标你自己应当变成什么样的人

对于这个问题，我还是以生活中的例子来说明。例如在没有制定目标之前你每天早晨都要睡懒觉睡到上午十点，现在为了实现目标应当七点就起床；再有，你之前不喜欢去做场开，现在你要克服内心恐惧积极进行场开；以前你的专业知识不够雄厚，现在要强化自己的专业知识；以前你的沟通能力不强，现在要提高自己的沟通能力。总之，为了实现目标我们就要变成一个积极行动、追求进步的人；要成为一个具备雄厚专业知识的人；变成一个沟通能力特别出色的人；变成身材更好的一个人等。

（五）列出完成目标所遇到的困难

就是详细地考虑在完成目标的过程中会遇到哪些阻碍，比如自身性格存在的问题、在成交环节中的顾客问题、自己的专业技术能力问题以及有可能围绕着自己发生的影响目标进程的外部因素等等。然后，对照这些困难和问题逐一找出解决的办法，坚定地克服负面因素、拖延自己完成目标的一切非正面因素；每天都需要时刻提醒自己，自己所做的任何事情和目标有关系吗？如果没有关系，应立刻纠正，管住自己。这样，在扫清了障碍之后，只要我们努力，按照正确的营销流程进行奋斗，目标就一定会实现。

（六）一定要坚定兑现承诺

坚定兑现承诺就是严格要求自己一定要完成这个目标，决不放弃。许多人都制定了目标，但是一旦遇到阻碍就会退缩。正确的做法是，只要遇到问题就要一定想办法解决。目标不是想一想就会得到的，得需要付出艰苦的努力。所以，最关键的是行动；在行动上最关键的是决不放弃。其实，人和人之间的能力都差不多，之所以有人能够成功就是因为他更能懂得坚持，目标感更强烈，不达目标誓不罢休，绝不会半途而废。信念是很重要的，它是人的灵魂。"想要"与"一定要"的具体含义是有天壤之别的，当你意志坚定的时候，你的潜能会积极地发挥，你掌握的资源才能达到最大化。

（七）为自己设下时间表

就以上面制定目标的时间安排，每月的时间就定为 25 天，然后按照这个期限倒排"工期"，将每天、每周需要完成的进度进行细分、明确。当我们的大目标细分到每天、每周的时候，这个目标数值就会变小，变得可具操作性了。每天、每周都完成自己的目标进度，自然月度目标的实现也就是水到渠成的事情了。同样，完成季度、年度目标也是如此。

（八）立刻采取行动

有了目标之后，就要按照自己的规划立刻采取行动。今天的事情一定要今天做完，决不能拖延到明天。自己的一切行为都要和目标有关联，与目标无关的事情尽量拒绝，因为这些无关的事情只会影响到目标的实现。

（九）及时进行总结

当我们工作完毕之后，一定要做个总结。总结是非常重要的，当我们做完了工作之后，一定要认真总结得与失，从中找出经验，指导今后的工作。世界上很多的进步大都是从总结前人的经验基础上实现的，因此我们一定要认真总结在完成目标过程中的各种经验，为自己的成长和进步打下坚实的基础。

思考

私人教练如何为自己设立明确的目标?

_____

_____

_____

_____

_____

经典重现

1. 每个月 30 天的时间按照 25 天制订明确的目标方案，30 天的目标要用 25 天来完成，用 5 天时间来补充。

2. 信念是很重要的，它是人的灵魂。"想要"与"一定要"的具体含义是有天壤之别的，当你意志坚定的时候，你的潜能会积极地发挥，你掌握的资源才能达到最大化。

第三章
建立属于自己的资源库

伟大的成绩和辛勤的劳动是成正比的，有一分劳动就有一分收获，日积月累，从少到多，奇迹就可以创造出来。

——鲁迅

私人教练一定要建立起属于自己的资源库，这个资源库里包括什么呢？包括顾客见证，也就是顾客的健身效果的见证，如照片、体测数据、聊天记录等一切能够见证我们帮助顾客达到健身效果的证据。这就跟法庭打官司是一样的，我们提供的所有证据都是有利于与顾客谈判的筹码，所以这是一个宝贵的资源库。第二个要准备的是什么资源库呢？就是健身计划。健身计划相当于教练的产品，也就是我们卖的产品。不论我们是拳课教练、常规课教练，还是一个康复教练、减脂教练，也不论教的是什么课程，一定要建立一个属于自己的资源库。很多教练干了五六年，课程上来上去还是那一套陈旧的东西。一个顾客买了20几节课，这个教练教来教去就是老一套的内容，除此之外就没有东西了；也有的教练可能教七八节课后就没有东西可教了；有的教练上30多节课到这种状态，优秀点的教练上50多节课后没有新的东西可教。教练手里没有让顾客感到新颖、很好玩的课程，在这个时候，顾客的黏性就会降低。因为顾客一直都在重复这些动作，每一次都差不多，顾客就觉得自己没有请教练的必要了，自然也就不会再来会所了。还有一种呢，就是来了以后也不想跟我们练了。因此，建立属于自己的资源库是非常重要的。

怎样才能增加顾客对我们的黏性呢？这就要求我们在业余时间，通过对学到的专业知识进行研发，研发出的结果是属于教练自己的成果，然后通过整理将其纳入资源库中。

一、分门别类，建立充足的动作储备库

每个教练上课的风格是不一样的，但是我们教练的资源库里至少要有1000个动作，这1000个动作里面按照难度大小应当有初阶、中阶、高阶等三个阶段；再以训练动作的强度为例，有普通训练，有特技训练，我们可以将其分成等级性的训练。初学者有哪些动作，竞技性的动作有哪些，高级训练课程有哪些等资料都应建立完备；然后再细分减脂的一套、增肌的一套。就以减脂、增肌来说，因为这是顾客普遍存在的需求。例如减脂有1000个动作，增肌有1000个动作，那么增肌和减脂都有1000节课程的计划；然后再把它细分下来，按照初阶、中阶、高阶进行明细分类，把与之相匹配的运动训练强度设计好，这样的话我们教练就会很轻松，以后就不用太费脑筋再去思考了。

二、"手到擒来"，满足顾客期望

一般来说，每个人健身的需求都差不多，只不过在强度上有高有低而已。资源库一旦建立完成之后，不论是减脂的还是增肌的顾客，他都会有练不完的动作。对我们来说先不谈1000节课，至少500节课的训练计划能够很轻松地从资源库里拿出来，所以平时应当充实我们的资源库，只要顾客有需求我就能源源不断地提供给顾客，这样的话顾客在我们这儿就会有期望，就会感觉到有学不完的东西。这种感觉就像我们玩游戏一样，几乎每个人都喜欢玩游戏，为什么不少人那样地对游戏着迷？就是因为游戏设置了通关，有游戏级别，有初学，然后慢慢地向深处走。级别越高，游戏的难度就越大，难度越大对人的刺激性也就越强。游戏玩家会越玩越兴奋，玩的级别不一样，感觉就不一样，这样就会吸引着玩家拼命去玩。人都有挑战心理，在通过了这一级别的游戏之后就会受到好奇心的驱使，挑战下一个级别。为顾客健身就和玩游戏一样，我们要制定一个游戏规则，让顾客在这个规则里玩，这样的话，顾客就愿意为我们买单。如果我们就设置十节课的游戏规则，顾客玩着玩着玩腻了，他还会继续玩吗？再拿玩游戏做例子，如果这个游戏只有三关五关的简单级别，没有什么刺激性，我们一会儿就玩腻了，谁还会继续玩下去呢？我们健身教练的课程也是一样，如果练来练去就是这么点东西，顾客就会觉得在这儿练不出什么花样来，渐渐地也就对我们失去了信任，这就是我再三要求的教练建立自己的资源库的重要性。

三、归纳整理，方便利用

只有做好了资源库的归纳整理，才能方便利用。例如在资源库里的资料见证、上课的专业知识资源储备内容，我们把它整理清楚，这样的话我们随时拿出来用也就会非常方便。就像我们的抽屉，一个是乱放的，一个是整理得井井有条的，我们找东西的时候肯定是在整理得很好的抽屉里找最方便。所以，我们头脑里一定要非常清晰，把自己资源库里的资源认真加以整理，在需要的时候随时可以提取，这样就会大大地提高我们的工作效率，并且对自己的工作肯定会有很大的帮助。

思考

你的资源库准备放什么？

_____

_____

_____

_____

_____

经典重现

私人教练一定要建立起属于自己的资源库，资源库里包括顾客见证，也就是顾客的健身效果的见证，如照片、体测数据、聊天记录等一切能够见证我们帮助顾客达到健身效果的证据。

第四章
时间管理的艺术

把活着的每一天看作生命的最后一天。

——海伦·凯勒

　　我们每个人享受的时间资源都是一样的，都是一天 24 小时，但是有的人能够充分把握自己的时间，做出了别人所不能及的成就，有些人却终生碌碌无为，这是为什么呢？原因就在于能不能做好自己的时间管理。我看过《蓝海战略》这本书，写的是关于公司的产品定位和发展战略领域的内容，也就是关于如何做好公司运营的一本书。我将书中的有关内容提炼出来，转化为时间管理方面的知识后，感到受益匪浅，现在和大家一同分享。

一、时间管理——减少

日常工作生活中，有许多对我们毫无帮助的事情，例如闲聊、玩手机、玩游戏、翻朋友圈、浏览没有意义的网站内容等。虽然有的时候我们会在朋友圈里翻阅许多有可能对工作有帮助的内容，但这种帮助也很有限，我建议买一本有意义的书进行系统地、有针对性地学习，对书中有用的内容做好笔记。就拿我来说，以前也喜欢看朋友圈的内容，包括现在许多人也都喜欢看，朋友圈里的有些内容看来有道理，但是我们能够真正地记住吗？说实话，较难。因为朋友圈里的内容都是一些碎片化的信息，并且信息量太多，信息质量参差不齐，我们的大脑一下子无法承受大量的信息，所以说在朋友圈里很难真正地学到东西。我以自己的感受来说，翻阅朋友圈根本学不到真正的东西。朋友圈是了解朋友动向的好地方，在里面可以了解每个朋友的工作生活动态。当下的朋友圈广告和销售的内容比较多，对私人教练有用的东西太少，所以我们完全可以减少玩手机浏览朋友圈的时间。一天如果花在翻阅朋友圈的时间是1个小时，十天就是10个小时，一个月就是30个小时，一年就是360个小时，折算为15天，看看浪费的时间多得有些可怕。一般来说，时间不细算的话我们还不清楚浪费的时间哪儿去了，如果计算下来，我们浪费的时间将会是非常惊人的。我们把时间浪费在毫无意义的事情上面，实在是不值得的。反之，不玩朋友圈的话，我们一年节省的时间就是30天，就比玩朋友圈的人多工作一个月。再如我们睡觉休息的时间，不论是七点起床还是八点起床，要养成一个习惯。做教练的通常都睡得比较晚，在晚上11点半或12点之前睡觉应当没有问题，睡七八个小时就足够了，七点半起床是完全可以的；但是，许多做教练的一般是上午10点或11点才起床，如果没有课程的话，有的教练可能会中午12点才起床。按照这个作息规律再计算一下时间，假如每天就早起半个小时，1天早起30分钟，10天就是300分钟，就是5个小时，一个月就是15个小时，一年就是180个小时。180个小时就是8天，假如我们按照每天有效工作时间为 10 小时，一年就会节省 18 天。这样，我们就会比别人多做了 18 天有意义的事情。可以以此类推，减少一些没有意义的事情，节省出时间，用于我们的工作，做更有意义的事情。

二、时间管理——增加

简单来说，就是增加我们的专业技能，增加与家人相处的时间，增加我们对顾客关心的时间，凡是和目标有关的事情我们都要增加。从最重要的环节开始增加，就拿我们健身教练来说，什么最重要，哪个目标最关键，我们就要在这上面花时间。例如，我最近最重要的事情是要出一本书，我最重要的时间就是要花费在这本书上面。因为这件事情对我来说是要紧的，居于第二位的是我的工作管理。如果两件事情同时出现的话，相比之下，首先创作《私人教练绝对成单》这本书籍，尽量精简出对大家都有帮助的内容，是最重要的。再如对健身教练来说，当下对你什么最重要？如果你缺乏专业知识，那么你就要增加自己专业知识学习的时间，其他的都要减少；再如，你的专业知识已经够了，但是你缺乏沟通能力，那么你就要在提高情商和沟通能力上多下功夫；你的成交能力不强，那就要增加成交能力的训练。所以，对私人教练来说，当下哪些事情最重要，就要在哪些事情上增加训练时间，凡是对健身目标有影响的事情都是最重要的，我们都要按照自己的实际情况进行增加。

三、时间管理——剔除

剔除就是要把我们办事情拖延的习惯剔除掉。就如刚才上面的例子，本来规定早上六点起床，但是有睡懒觉拖延的习惯，你一定要把这些不良习惯该剔除的就剔除掉，因为这个坏习惯完全是弊，并且弊大于利，所以自己一定要下决心，让拖延的习惯在自己的生命中尽量不要出现。想去做一件事情就要立刻去做的时候，你一定要立刻去做。警言之，凡是对自己的事业有不利影响的坏习惯一定要剔除掉。例如赌博，赌博对我们来说毫无意义，那你就应该完全从你的生命中把它去掉。还有，我们平时喜欢抱怨，这对我们的生命来说百害无一利，一定要剔除掉。如果我们说出的所有的话没有任何一句是消极的，那么我们就会成为一个时时处处释放正能量的人。你有没有发现，当你说话越积极的时候，你的生命就会越积极；当你习惯用消极的话表达你的心态的时候，你自己都会把自己带入消极的境界，对你的人生和事业没有任何好处，所以要剔除掉。

四、时间管理——创新

今天的事如果还是按照昨天的方式方法办理，那么得到的结果也和昨天差不多。怎样才能提高我们的效率和价值呢？人们奋斗的目标就是为了最大化地实现自己的个人价值，生活和工作都是如此，因此要想实现自己最大化的价值就必须创新。何为创新？创新就是在原来的基础上做得更好，有更高效率的进展，能够产生更大的价值，能够对顾客有更大的帮助。创新对于私人教练来说，就是让顾客得到更优质的服务。创新可以提高我们工作的效率，增加我们的盈利能力。

对一名教练来说，如何创新呢？

（一）预见未来，捷足先登

如何做到预见未来，从而使自己捷足先登呢？在此，我举个例子进行说明。例如，在以前的健身俱乐部里面通常都是以健身增肌为主导方向的，那时很少有专职于康复课的教练，但在那个时候教练如果有意识不断地学习专业向康复领域发展的话，那么到了今天，他们的业绩都是比较可观的，他们就属于特色类教练中的一类了。当下的健身俱乐部都在发展增肌、减脂、康复、拳课以及特色类课程，但是对亲子健身计划就很少有人做，如果团队中的教练能够尝试一下特色健身课程的种类，那么在未来就会有更多吸引人的闪光点，你就会成为团队里面的一个特色类教练，业绩就会很突出，并且在今后遇到的竞争也会较少。在很多教练没有思考的时候，我们现在就去思考。可以预见的是，在未来大人和孩子一起健身的亲子健身方式将会得到一个很大的发展，这样的教练在团队中的竞争力就会较大，取得成功的机会肯定会优于别人。

（二）服务升级，流程创新

创新有好多方式，我们可以是创新服务方式，或是创新服务流程。打比方说，很多教练上课的时候是纯粹地上课，那么我们就可以在服务流程上有所创新。把顾客的营养餐带入他们的生活；定期地组织自己的私教顾客进行PK，采取体能PK或者组织一个比赛队伍，让顾客们自己相互PK。例如顾客之间相互承诺，在一个月内要减脂多少，达不到目标会怎么办等等，这些对顾客来说都是创新。我以前开办工作室的时候，把来健身的顾客都纳入了一个微信群中进行顾客管理，把那些健身意愿不是很强的人暂时搁在一边，把意愿强的人组织起来进行PK。教练管顾客的方式就是用一群人影响另一群人，所以先用当下最积极的一部分人进行PK，然后再影响那些欲望开始下降的人，这就是创新方式。在规定的时期，我会考核他们PK的结果。例如在减脂百分比方面，对于百分比最低的要有什么惩罚，最高的要有什么奖励。参与的顾客要缴纳参与费，或者要写下承诺书做出承诺，对承诺的目标做出具体的承诺附加，就是如果达不到目标会接受什么样的惩罚等等。这就是一个创新的形式，不要再采取以往那种单纯地以上课为目的的枯燥、乏味的授课形式。如果还是以前的那样，顾客来会所上课，上完课后顾客就离开的流程授课，久而久之，顾客就会厌烦，也就失去了健身的动力了。通常来说，每个人都喜欢到能不断为自己创造快乐的地方去消费。只要能为顾客不断地产生出快乐的感觉，才会不断地去消费。就以我所在的会所为例，我会每个月让手下的顾客进行PK，获胜者再进行决赛，最后得出一个总冠军，对前三名进行奖励。目的就是增加互动，增加顾客的兴趣。目前很多俱乐部都没有这样做，我每天思考的都是如何让他们在原来的基础上增加来会所的频率，逐渐增加顾客的健身热情，最好的方法就是互动。只有不断地为顾客创新互动的方式，让顾客每次都有新的体验，顾客才会在我们会所消费，才会增加顾客对我们的黏性。形象地说，我们要用谈恋爱的方式创新我们的服务体验，让顾客每次来都会有一个惊喜，这是我们留住顾客的关键措施。

思考

在时间管理上，你如何增加和目标有关的时间？

_____

_____

_____

_____

_____

经典重现

教练要做好自己的时间管理，方法有四个，即减少、增加、剔除和创新。

第五章
专业私人教练到成交专家的转变

识时务者为俊杰，昧先几者非明哲。

——清·程允升《幼学琼林》

通过这些年来的私教生涯，我感觉到如果要想让更多的人了解私人教练的价值，那么我们不单是要成为专业技术方面的专家，更要学会成交方面的技能，有再强的专业技能，如果不懂得沟通，销售便无从谈起。因此，我们应当首先了解健身需求的顾客群体构成，然后需要了解顾客的健身需求和谈判能力，在此基础上掌握一定的销售技巧，夯实从专业私人教练到成交专家的转变基础。

一、适时转变思路

（一）潜在顾客已发生变化

20 世纪 90 年代，中国健身俱乐部刚兴起，当时人们的健康意识较为淡薄，强调身材健美为主。顾客选择教练的第一标准是以教练身材块头练得大小作为依据，这个教练如果块头大就是专业的选择标准。这时期以健美型教练引领中国健身私人教练市场，教练不需要掌握太多的专业理论知识和销售能力，用身材说话就可以了。进入 21 世纪，随着人民生活水平的进一步提高和人们健身意识的提升，人们的健康意识大为增强，我国全国范围内迅速掀起了体育健身的热潮。此时，国内各大型俱乐部纷纷成立，国际知名品牌也开始进驻中国，我国的健身市场进入快速发展期。人们对健康的关注度越来越重视，对健身的需求越加明显，对健身方面知识的了解也越来越深入，此时就会越来越考验教练的专业技能、反应能力和成交技能了。这个时期，顾客更多的是以健康需求与形体需求，还有功能性训练为目的选择聘请私人教练了。但是这个时候还是有很多顾客来到健身会所不知道干什么，没有什么目的，对私人教练更是没有什么概念，此时教练就需要不单是外在身材形象要训练好，还要有丰富的专业理论知识做支撑。不管你是在哪个城市工作，都会遇到过这样的情况，顾客在健康与形体上有明显需求，但是他们对私人教练能提供的价值不了解，也很难认同私人教练的服务价值，有这些想法的顾客不在少数。在这种情况下，教练的销售沟通能力与成交技能就显得尤为重要了。

不管你是刚从事教练工作才一年的新教练，还是已经干了三年、五年、十年的教练都会遇到同一件事，如今的顾客谈判水平越来越高，不是那么好成交。顾客的性格千差万别，顾客的心理变化无穷无尽，竞争比以前也更为激烈。尤其在一二线城市，现在顾客了解信息的渠道更广泛，顾客的谈判水平逐日提高，消费越来越理性；同时，三四线城市对健身聘请健身教练的观念认识不足，也存在着很大的沟通困难。因此教练销售私教课程变得越来越艰难，课程销售的难度系数也随之上升。教练要想提高成交率，最好的途径就是你要学会一套跟顾客成交的技能。

（二）私人教练必备的私教销售技巧

作为私人教练来说，掌握一定的销售知识是很有必要的。课程销售与商品销售在道理上是相同的，对于销售行为来讲，方式、方法的选择决定了销售的成功与否。因此，我们应当熟练掌握一些基本的销售技巧。

1. 要学会沟通，更要学会如何成交的秘诀

在工作中，很多教练学习专业知识越多就越不会成交。为什么？因为教练一不小心就走进了一个"葫芦"里。由于教练越是不断出去学习，就会越发现自己掌握的东西实在太少，然后回到工作中，在跟顾客沟通的时候，自信心反而比之前更低了。记住，我们学习的所有专业都是为我们服务的。如果你学习掌握了很多的专业知识，但是不会把你的专业销售给顾客，这不是失去了学习的本质意义了吗？你每学习一次应该要更多一份信心才对啊！我们应当这样想：哇！太棒了，我这次通过学习在哪些方面有进步了。记住，每次都要有这种给自己的心理暗示。

我们花大量的时间、金钱去学习的主要目的，就是希望能够用我们的专业知识去帮助更多需要帮助的人，知识是永远都学不完的。

还有很多"专业性"的教练容易走进的误区，就是在跟顾客沟通的时候很容易传递给顾客一种感觉，什么感觉呢？就是心里在想：反正身体是你自己的，爱买不买，不买拉倒，找我的话可以帮你解决，不找我的话你爱怎么练怎么练去。教练永远要记住，正是因为顾客自身有问题，在健身上请私人教练的意识还没有到位，所以才需要我们耐心去跟他们沟通，请记住我们不是医生坐等病人来求医问药。我们骨子里一定要有做教练应该有的傲骨，但是切记不要给人一种傲慢的姿态。否则，我们就永远成不了一个卓越的、成功的私人教练，只会让更多需要我们的顾客对我们敬而远之。

这一章我重点讲的是，第一，现在的顾客消费越来越理性；第二，目前大部分能请得起私人健身教练的人多数都属于社会中产阶级以上的群体，他

们不会比我们的人生阅历少；第三，互联网时代顾客跟你对立谈判的态势越来愈明显；第四，我们不仅要掌握更多的专业知识（专业的进修是一辈子的课题），更要学会沟通和如何成交的秘诀。

2. 接近我们的顾客

在学会沟通和如何成交的秘诀之前，我们能让顾客认可是很重要的事情。能否把自己推销给顾客，还涉及几个问题。在顾客方面需要具备三个条件，即顾客是否有钱购买、顾客是否具备购买的决定权、顾客是否具有购买欲。在英文中这三个条件可以用如下单词表示：Money、Authority 和 Need，因此这也叫"MAN"法则。如何理解"MAN 法则"呢？要想在销售过程中事半功倍，在销售前必须要掌握对方的购买力，否则只能结束了事。只有符合了"MAN 法则"，对方才是让我们事半功倍的顾客。那么，怎么样判断出对方是否符合这个法则呢？除了通过各种间接渠道去调查外，面对面地交谈也是常用的方法。如果我们能够只花 5 分钟便弄清楚对方是否是我们的真正的潜在顾客，我们的效率自然会提高。

（1）要认识到有一种潜在顾客

他们是具备顾客潜质但现在却还不具备顾客特征的人，我们称之为潜在顾客，即当前顾客。许多教练忘记了他们最好的潜在顾客就是他们现在的顾客。我们了解他们，他们也了解我们。或者，正是因为我们对顾客的了解，为我们增加了额外的产品或服务也说不定。

顾客的推荐：也许我们的顾客所在的组织中还有其他人需要你或者他们的同事正是我们理想的潜在顾客。如果你尽心帮助你的顾客并且成为这方面的专业人士，不断满足他们的超值需求时，他们也会通过推荐顾客的方式来帮助我们。

遭到拒绝的潜在顾客：如果某一位潜在的顾客现在不能购买你的课时或服务，并不一定说明他今后不想购买。

竞争对手：我们可能从没想到从你的竞争对手那里获得潜在顾客，但这样做确有可能。在我们的服务中可能有未及覆盖的区域，我们的竞争对手可能同样如此，也许我们和他们彼此可以互通有无。

顾客的心理：在研究如何接近自己的潜在顾客时，首先要研究一下顾客的消费心理。顾客在购买私教课程过程中的心理活动直接影响到其购买行为。顾客的消费心理是纷杂的、多变的，经常表现出来的有如下几种：

一是求廉心理。顾客对价格最容易重视，追求价廉物美是顾客普遍的心理要求。价格在大多数情况下是影响顾客购买私教课时与否的重要因素。

二是求实心理。经济实惠是顾客基本的心理要求，几乎所有顾客购买课程时都特别期望能给自己带来更多的体形改变和锻炼效果。这不仅是顾客购买课程时的一种重要心理活动，也是顾客评判教练的一个重要标准。

三是求新心理。追求新潮流，消费赶时髦，这是顾客带有广泛性的心理要求。大多数顾客对新颖的锻炼方式和课程有着较强的心理倾向和购买冲动。顾客的求新心理不仅与时代发展有关，而且也与每人的价值观念有关。

四是求美心理。顾客虽然对美的认识不一致，但追求健康的美这一点却带有普遍性。随着人们生活水平的提高，这种求美心理将会不断强化和突化。

五是求值心理。有些顾客在购买课程时还存在一定的保值心理要求，期望买了服务以后不会贬值。持这种心理状态的顾客在采取购买行动时不仅注意眼前服务的变化状况，而且还注意未来一个时期的变化趋向。

六是从众心理。有些顾客对购买课程的需求并不是很强烈，当看到某个名牌教练的课程畅销时也有可能随机加入购买者的行列，这表现出的就是一种从众心理。持有这种心理状态的顾客购买时往往事前并无一定的目的性和特别的要求。

顾客的购买心理表现多种多样，这些心理特点对顾客的购买动机和行为起着决定性的影响作用。当然，这些心理并非全是孤立产生和存在的，往往是错综复杂地交织在一起而发生影响效能的。因此，深入研究不同类型顾客的购买心理，对自己的销售有着不可估量的重要作用。

（2）找到我们的潜在顾客

寻找到潜在顾客之前首先面临的是如何接近潜在顾客，引起其注意和兴趣，使双方顺利转入洽谈阶段，这是销售课程能否得以成功的关键环节。我们私教要想顺利地接近潜在顾客，可以采取的方法主要有如下几种：

① **介绍接近法**。这是我们私教通过向潜在顾客作自我介绍来接近潜在顾客的一种方法。这种方法的特点是，当私教初次介绍自己时，如果与顾客事先不认识，我们应先向顾客介绍自己的身份，并出示工牌号，引导顾客加强对自己的认识和了解，消除戒备心理，从而乐意接受自己的专业和服务，为下一步进行销售面谈创造良好的气氛。

② **服务接近法**。就是我们私教直接利用自己的服务来引起潜在顾客的注意和兴趣，以便接近潜在顾客的一种方法。这种方法的特点是，私教在顾客的锻炼过程中免费帮助他，使他在锻炼的同时产生购买意向，进而愿意接受私教的访问，顺利转入面谈。

③ **利益接近法**。我们和顾客接触时可以强调自己能给顾客带来什么，以便接近潜在顾客。由于顾客购买课程时都有一种求利心理，我们直接告诉潜在顾客购买自己的课程能获取的实际私益，这就比较容易引起潜在顾客的兴趣，继而情愿与我们进行购买洽谈。

④ **问题接近法**。我们私教直接向潜在顾客提出问题，利用所提的问题引起潜在顾客的兴趣，以达到接近潜在顾客的目的。在得到回答后，可以继续谆谆诱导，通过这一番提问，就很容易吸引住潜在顾客，使之愿意洽谈购买课程。我们私教在运用这种方法时应注意所提的问题必须是潜在顾客所关心的问题，否则便难以达到接近潜在顾客的目的。

⑤ **好奇接近法**。由于顾客普遍具有好奇心，我们私教可以利用顾客的这种好奇心理来接近潜在顾客，从而使他们产生兴趣。我们可以通过各种各样的方法来唤起潜在顾客的好奇心，然后再把话题转向课程成交上来。

⑥ **演示接近法**。就是我们私教通过熟练的锻炼指导展现出自己的能力，以达到接近潜在顾客目的的一种方法。这样可使潜在顾客产生浓厚的兴趣，从而为课程销售活动铺平道路。

⑦ **引见接近法**。这是我们通过熟人介绍推荐以接近潜在顾客的一种方法。顾客由于是熟人引见，出于信任和礼节，能很容易得到潜在顾客的热情相应，这样便可直接达到成交潜在顾客的目的，采取这种方法定能促进课程销售的成功。

⑧ **调查接近法**。这是我们私教借进行市场调查之机以求接近潜在顾客的一种方法。我们私教销售服务的过程实际上也是市场调查的过程。我们在调查时，可先向潜在顾客调查了解其对本俱乐部及服务有什么意见、愿望和要求，待到气氛较为融洽、交谈比较投机之后再转向其自身，这样就容易达到接近潜在顾客的目的。

⑨ **求教接近法**。人非完人，我们私教也一样。我们可虚心征求顾客的意见，请顾客对本俱乐部服务发表见解和看法，待到对方对我们产生兴趣之后，接下来的课程销售将势如破竹，这样也能够获得接近潜在顾客的效果。

⑩ **聊天接近法**。我们私教先与潜在顾客谈论一些对方感兴趣的其他问题，以接近潜在顾客。聊天是人们常有的一种生活习惯。通过聊天很容易使交易双方的感情接近，待到双方建立起比较融洽的气氛之后再把话题转向课程的推销上来。这样，潜在顾客也就乐意与之洽谈课程的交易。

⑪ **馈赠接近法**。我们私教在销售课程前可先向潜在顾客赠送一件小礼品，以拉近与潜在顾客的感情距离。由于顾客受人赠品，一般都会待人为善，又由于盛情难却，顾客往往在接受礼品之后很难拒绝购买私教健身课程。因此，馈赠礼品不仅是接近潜在顾客的一种有效方法，而且也是一种极好的促销措施。虽然馈赠小礼品要支付一定的费用开支，但也要看到馈赠礼品对推销的促进作用。

（3）成交跟进

根据统计，85%的课程销售成单是在第七次、第八次的跟进之后产生的。而一些教练的心态普遍比较浮躁，不懂得如何理性地管理自己的顾客关系。大部分的人在碰壁3至4次之后就认定该顾客没有继续开发的必要了。我经常在团队里看到这样的现象，很多被 A 教练看作是不可能的顾客在 B 教练手上成交。其实，成交与否往往只有一步之遥。但很多的教练就是不懂得这一点，太相信顾客的话。"我不需要""你不要再打电话"等类似的套话。顾客在没有充分了解到我们的健身课程对他的价值之前，如果他拒绝你，只能说明他觉得是你这个人而不是你的课程。所以，跟进！跟进！！跟进！！！这是做教练成交课程的黄金法则，顶尖的教练深谙此道。他们会耐心地潜伏在目标顾客身旁，尝试从不同角度接近顾客，或让顾客意识到产品的价值。比如不断地发邮件、不断地问候、没有目的地交流，告诉顾客成交的成功案例。如果还得不到顾客的同意，他们也会开玩笑地征询顾客的真实想法："张总，我们也聊了这么久了，我真的很想知道你到底是什么原因不愿意购买我们的课程呢？你可以直接告诉我吗？"如果顾客很坦诚地告诉你他不购买的原因，那就好，有解决的希望了。通常在了解到真实信息之后成单高手再继续跟进。

（4）反省

实践之后的反省是前进的源泉。我们犯错不可怕，可怕的是犯错之后死不悔改，还一意孤行，人都是在一次次的犯错和反省中才逐渐成长的。顶尖的教练成单高手在成交过程中，当遇到他不明白的问题的时候，通常会回顾自己的整个沟通过程，有条件的一遍遍听自己的录音，自我检讨，也会把录音拿到小组讨论会上，让经理和同事来指教。同时，自己虚心接受，并形成自己的记录，不断积累。并且在反省过程中，顶尖级别教练在成交时不会迷信所谓权威的意见，他会结合自己的分析和实践，在应用中找到最佳的解决方案。长年累月下来，这些犯过的错误和反省的结论将成为他们最宝贵的人生财富。

（5）私教在谈业务过程中的常规处理

私人教练在课程销售中应该有以下几个过程：

① 顾客分析

以下所有顾客都是指我们即将开始着手进行私教课程推介的顾客。

对顾客资料如年龄、职业、性别、经济状况、健身目的、健身卡使用日期长短等信息进行处理、判断。例如，如果顾客有健美比赛要求，那么专业健美运动员、有大赛经验出身的教练去推销就比较容易成功。对要求增肌的顾客，强壮的教练有推销优势。对有生理病变的人，可以强调康复教练在指导训练过程中的科学、安全和绝对的理想结果。对模特或演艺人员，有个性的教练或有名气的教练可以征服他们。对公司的高管或老总，要表现出教练的干练和精力旺盛。对赋闲在家的顾客，可以让健谈的教练来谈业务。

这里可以把顾客进行猜测分类：

一级顾客：课程比较容易销售成功的，如想健美比赛的顾客、模特或其他演艺人员、产后恢复人员、企业高管或老总、生理病变人员等。

二级顾客：如果长期跟踪可以成功的，如年龄在27~30岁的未婚女性、增重增肌的顾客、塑形要求强烈的女顾客、长期训练效果不理想的老顾客等。

三级顾客：难度较大的，如一般上班族、短期顾客、赠卡顾客等。

② 顾客接触

通过接触顾客，我们可达到拉近彼此距离，证实顾客个人资料和了解顾客健身目的。顾客也可以了解到自己是否对私教收费、服务形式等情况弄清楚，并判断对教练本人的好恶。因此，我们在与顾客接触时要做到：

A. 自然接触，不要唐突。

B. 多接触新加入顾客。

C. 要做到有效接触。

D. 注意接触的度，防止引起顾客对销售的厌恶。

③ 顾客影响

在接触需要推销课程的顾客过程中，多做细节，为教练增加个人魅力指数。一般需要常做的工作是：

A. 对自己需要推介的对象，每次见到要微笑、打招呼。

B. 对象没来训练要电话问候原因。

C. 常询问对象训练效果。

D. 微信朋友圈里给他点赞、好评。

E. 节假日发个人问候。

F. 观察对象的训练习惯，在其训练难受时及时出现。

G. 对对象的训练要一针见血指出训练的错误。

H. 有意识把自己正在训练的顾客带到推介对象旁边训练。

总之，我们在做私教过程中要通过不断地做细节，增强课程销售对象对自己的好感，从而寻找课程成交契机。

💡 **思考**

顾客对健身知识的了解与谈判水平越来越好，我们当如何做？

_____

_____

_____

_____

🎬 **经典重现**

要想推广私人教练的价值，既要成为专业技术方面的专家，又要学会成交技能。首先，应当了解顾客群体构成，然后了解顾客的健身需求和谈判能力，并掌握一定的销售技巧，夯实从专业私人教练到成交专家的转变基础。

二、插上沟通技巧的翅膀

如果你要使别人喜欢你，如果你想他人对你产生兴趣，你注意的一点是：谈论别人感兴趣的事情。

——戴尔·卡耐基

从科学健身的要求来讲，健身教练，是每个来到健身俱乐部健身的人都应该毋庸置疑地聘请的。但是最终不是所有顾客都聘请了健身教练，为什么？因为顾客不了解教练所能提供的服务有多少价值，对此他们有顾虑。那么，我们如何让每一位走进健身会所的顾客都聘请健身教练呢？那就是与顾客进行有效沟通。其实私人教练与客人交流的时候，需要具备四种基本交流技巧：提问，倾听、表示理解，提供信息。这其中需要强调的是，在有效沟通前，一定要做好各种准备工作，只有这样，才能做到有效沟通，解除顾客的顾虑。

（一）私人教练在面谈前要做哪些准备

我们身边都会有这样的专业教练，他们专业知识很扎实，上课服务质量也很好，给顾客的训练效果也很不错，但是第一次的成交率都不高，为什么？因为顾客不是这方面的专家，他们第一次接触教练根本就不知道什么样的是专业与不专业的，他们在购买私教课程前完全凭的就是其与教练沟通完后的感觉。从这方面讲，如果在沟通中就能打动顾客，就是有效沟通。因此，有效沟通是非常关键的。如何做到有效沟通？那就是在决定与顾客面对面交谈沟通前，应当做好沟通前的准备工作。俗话说："不打无准备之战。"有准备与无准备的面谈，二者有明显的区别。私人教练要想成功地推销自己，必须做认真的准备。否则，即使你有最专业的健身知识与完美的体形，你也会因为某一环节的失误而导致谈业务的失败。正如人们常说的那样，"机会只给有准备的人"。因此，私人教练在与顾客面谈前，要做好精心的准备。

1. 私人教练的心理准备

我们都知道一个朴素而又简单的道理，就是成功的心理暗示能带来成功，而失败的心理暗示往往给人带来失败。私人教练是一个特殊的行业，它主要是私人教练出售自己的知识与服务来获得收入。而目前，有能力购买私教课程的人大部分都是某些方面的成功人士，所以，要求教练们在面谈中有良好的心理准备。一个成功的私人教练，首先在心理上有着强大的优势和暗示，即"私人教练工作是一个非常有意义的工作，它可以树立起对自己、对顾客生命的提前储备的意识，帮助顾客认识到生命质量的提高与转变错误的观念，帮助顾客对健康、对身体、对生活提高理解能力……而自己能在付出与获得中得到真正的快乐"。所以，无论是"能帮助你，我很快乐"，还是"给我几个小时，我可以改变你的一生"，都是一个成功私教所应具备的心理准备。

2. 私人教练面谈的内容准备

在面谈前，教练一定要把面谈的内容做一个事先的计划，先讲什么？后讲什么？什么应该重点讲？什么不应该讲？哪里的语速要快一点？哪里的语速要慢一点？心里要有数，要有必要的思想准备。对于自己推荐的案例，一定要把时间成本、机会成本等要素计算清楚。因为从顾客的角度来说，教练如果能把时间成本、机会成本等要素计算清楚，说明对方已经把成本作为消费中的因素之一来考虑，显然够专业、够体贴。如果没有相关数据，当顾客询问时，如果答复难以令人满意，面谈很有可能以失败而告终。另外，对于面谈中最常用的知识与话语，教练一定要整理好，使自己在面谈时言之有物，并能讲得目标明确，而且恰到好处。特别需要指出的是，应时刻铭记作为私人教练的五大优势，让顾客能了解：（1）私人教练能够提供足够专业的帮助，量身定制科学计划，缩短达到健身目标的时间。（2）私人教练专业指导能帮助顾客在锻炼中少走弯路，及时正确地处理特殊情况，避免伤痛。（3）私人教练的预约制度能积极鼓励帮助学员克服懒惰心理，降低半途而废的发生率。（4）私人教练可为学员安排合理的器械，避开锻炼高峰的无谓等待，降低顾客的时间成本。（5）私人教练可以帮助出差顾客合理地利用身边的现有条件坚持锻炼，调整饮食，以保证顾客的锻炼效果。每一个私人教练都要根据自己俱乐部的情况准备好此类内容，必要时，还要把它形成文字，列出要点，事先背诵，做到准确无误，面谈时候讲得清晰明白、透彻有力。正如我们出门旅行一样，出门前做好准备，行程必然会少一些麻烦，面谈同样如此，要想面谈成功，就要做好内容上的准备。

3. 面谈中的资料准备

我在上面已经提到，私人教练是一个特殊的职业，它主要是私人教练出售自己的知识与服务来获得收入。而知识与服务属于无形的商品，无法给顾客一个量化的刺激。这就要求教练们在面谈中，资料准备一定要齐全，诸如自己的名片、资历证明、顾客的相关资料、自己的顾客见证等。如果有自己的推荐案例，比如自己以前的顾客减脂成功等案例见证，一定要把相关的照片、时间、过程详细地准备好，以免在需要具体的展示时拿不出资料，而且只有这样才能给顾客量化刺激，从而提高面谈的成功率。

4. 面谈的时间准备

时间就是金钱，时间就是生命。时间管理能力对一个私人教练来说，应该是非常重要的。一个不会利用时间、不尊重别人时间的人要想获得事业上的成功，那是不可能的事情。记得一句顾客的话，"如果教练在约会中迟到，只能说明一个原因，我对他来说不重要"。试问，"如果我是他的老板，或者我是国家的首脑，他能迟到吗？"的确这样，面谈最基本的就是尊重对方的时间，对于一个私人健身教练来说，无论是因为比赛前精神上的疲劳，还是昨天晚上与女朋友吵了架，与顾客面谈时迟到都是不可饶恕的。

另外，教练们一定要把握好时间的准备，那就是晚上谈？还是中午谈？是晚餐前谈？还是晚餐后谈？谈多长时间？这些都要求教练们根据自己的实际情况做好准备。在这只提醒一点：人在长时间没有进食的情况下情绪容易不稳定，所以建议面谈的时间定在顾客用餐后一两个小时比较合适。

另外，对于面谈中最常用的知识与话语，教练一定要整理好，使自己在面谈时言之有物，并能讲得目标明确，而且恰到好处。

（二）如何第一次与顾客沟通就能让顾客有好的感觉

如何第一次与顾客沟通就能让顾客有好的感觉？答案很简单，只要我们与顾客沟通时做到见面微笑、待人真诚和赞美顾客，基本上就能达到与顾客共同打开心灵窗户的效果。

1. 微笑

作为私人教练的我们，可能都知道，微笑不单是一种表情，更是一种感情，是拉近人们之间距离的法宝，它传递给人的是愉快和友善的情感信息，沟通着人们的情感，化解着人与人之间的矛盾，是第一次接触顾客建立信赖感最快的方式。同时，微笑也不是那么简单的一个面部动作，微笑是有标准规范的，需要我们私教们认真加以练习。

微笑如同我们想让胸大肌变得更饱满、更有型一样，是需要训练的。我们微笑的时候大约会调动面部17块肌肉，作为教练的我们都应该学会调动这些肌肉。想要某块肌肉在做功的时候表现好，首先我们要去激活它，如何激活面部肌肉？每天去找一位同事用微笑的方式跟他问好，演习一次。"xxx，你好，我很荣幸与你一起共事，谢谢你在工作中对我的帮助与支持！"然后，再用平静无表情的状态跟你的同事问好，"你好，我很荣幸与你一起共事，谢谢你在工作中对我的帮助与支持"。观察一下同事的反应有何不同。记住，现在、立刻去行动、体验一下，你才能加深印象，先从一个简单的微笑开始。

2. 真诚

以诚立业则无业不兴，以诚沟通则无事不克。

教练在与顾客沟通交流的过程中，教练的起心动念顾客是能够感知到的，你是真的在为他健康着想，还是一味地为了能做更高的业绩而与顾客沟通，顾客是能第一时间感知到的。

对人真诚，待人厚道，做事本本分分，有可能在某些"聪明人"眼里很傻，但是往往能获得比常人更多的帮助和青睐，因为他们待人真诚，所以值得别人信赖；因为他待人厚道，所以值得别人帮助；因为他做事本分，不投机取巧，所以能得到顾客的认可。吃亏，何谓吃亏？吃亏在这里做何解释？它不是简单的吃亏，而是指中国人的传统美德——忍让。退一步海阔天空，忍一时风平浪静，暂时的忍让能获得更大的好处。作为私人教练说，懂得"吃亏"的人更能在私教工作中游刃有余，更能获得顾客的尊重。

国外的一位学者曾经做过这样的一个试验。他列举出 555 个描绘人的个性品质的词语，然后让人们说出他们喜欢的那些个性品质的词语，并说明喜欢的程度。结果排在前八位的人们最喜欢的词语，分别是：真诚、诚实、理解、忠诚、真实、信得过、理智、可靠。其中竟然有六种与"诚"有关。而在人们最不喜欢的词语中，虚伪居于首位。可见，人们都把真诚作为与人交往的基础。

在顾客眼中，优秀私人教练应具备什么样的特质呢？根据消费者心理调研报告的分析显示，诚实、刻苦工作、果断三种品质最能引起顾客的信赖与认可。几乎所有的顾客都会把私人教练的诚实放在第一位，对于顾客来说，私人教练的销售技能不是主要的，最主要的是私人教练是否诚实。对于私人教练来说，诚实既是一种品质，又是一种技巧，只有诚实才能赢得顾客信任。真诚大于技巧的大智慧是课程销售的最高境界。

私人教练与顾客接触时，顾客普遍会怀有一种戒备的心理，因为他不了解你的真实动机和目的，出于安全的考虑，往往会将自己的真实情感隐藏起来，听你言，观你行，试图从中发现你的意图。顾客不仅关心健身课程的价格、质量，他们更关心私人教练的人品。私人教练如果表现得过于精明，甚至耍花招，会给顾客有不安全的感觉，顾客都会看得出来。

不真诚就是虚伪，不真实就要欺骗，不真实就要编造谎言。为了掩饰虚伪与欺骗目的，要不断编造谎言，为了圆前面的谎言，又要编造更多的谎言。这样的人缺钱，更缺德，有谁愿意与这样的人打交道？有谁愿意把钱给这样的人？

课程销售谈判技巧固然重要，但取代不了私人教练态度的诚恳。以诚相待，就必须开诚布公。在健身课程销售中，私人教练应该向顾客提供自己一方的情况。如果不主动、坦诚地提供自己方面的情况，顾客是不可能跟你积极合作的。只有首先表现出你的真诚，才能引导顾客采取同样的态度。因此，开诚布公，态度诚恳，公开自己的立场和目标，适当地流露出自己的感情、希望和担心，会消除对方的戒备之心。

我的老师，美国著名的推销员乔·吉拉德也曾说，所有最重要的事情，就是要对自己真诚；并且就如同黑夜跟随白天那样的肯定，你不能再对其他人虚伪。乔·吉拉德了解顾客心目中关于销售员的恶劣形象，他更加努力要做一个对顾客讲诚信，并让顾客可以信赖的销售员。其实，这对于乔·吉拉德来说，不仅仅是一件有关名声、信用的问题，而是一件求生存的事情。"说真话"使他成为世界上最伟大的销售员。他总是面对面地非常诚恳地对每一个顾客说："我不仅站在我出售的每一部车子后面，我同时也站在它们的前面。"虽然许多顾客告诉乔·吉拉德，他们可以在别的地方找到更便宜的车子，但是他们还是紧跟着乔·吉拉德，原因是乔·吉拉德对顾客很诚实，他值得顾客永远信任。"你可以在部分时间欺骗所有人，或者在所有时间欺骗部分人，但永远不可能在所有时间欺骗所有人。"世界上没有永远不被揭穿的谎言，真诚待客才能长长久久。

古人曰："巧诈不如拙成。"也就是说投机取巧、坑蒙拐骗虽然暂时可以获得一点小利益，但都不是长久之计，而老实、真诚看起来比较愚笨，但最终会赢得顾客内心的赞赏，从而为生意带来长久的利益。

"在聪明人面前玩虚假，必然会被其看穿，这是小聪明；反之，以诚实打动人心，毫不避讳地表达自己的优缺点，并让消费者自己去客观判断，这才是大智慧。"美国销售大王弗兰克曾经负责销售一种新式牙刷，他最常用的方法是把新式牙刷和旧式牙刷都给顾客的同时，再给顾客一个放大镜。然后他对顾客说："你用放大镜看看，自然会发现两种牙刷的不同。"

有一位羊毛衫批发商学到了这一招，他在销售羊毛衫时，身上总是附带着一个放大镜，每当顾客对产品质量或价格产生怀疑、犹豫不决时，他就把放大镜给顾客："在你还没有做出最后决定之前，请你用放大镜看看这羊毛衫的工艺和成分吧！"他这一招非常奏效，没过多久，他就打败了很多靠低档品起家的同行。后来，他说："自从用了让顾客亲自鉴别这个方法后，我再也不用费尽口舌向顾客解释我的产品为什么价位偏高了，我的销售额也开始直线上升。"

俗话说："精诚所至，金石为开。"只要抱定真诚的态度，就没有办不成的事情。私教课程谈业务高手懂得表现自己的真诚，收敛自己的精明。对于耍小聪明的教练，顾客会避而远之。而对真诚的教练，顾客则会比较满意和放心，因为你的态度很诚挚、自然，这样就会很容易促成销售的成功。

3. 赞美

世界上最华丽的语言就是对他人的赞美，适度的赞美不但可以拉近人与人之间的距离，更加能够打开一个人的心扉。虽然这个世界上到处都充满了矫饰奉承和浮华过誉的赞美，但是人们仍然非常愿意得到你发自内心的肯定和赞美。从人的心理本质上来看，被别人承认是人的一种本质的心理需求。作为一名私人教练，能否站在顾客的角度上思考问题是衡量一名私教是否成功的关键。既然顾客需要赞美，我们又何必吝啬我们的语言呢？因为我们的赞美是不需要增加任何成本的课程销售方式。

当然，赞美是一种艺术，赞美不仅有"过"和"不及"，而且还有赞美对象的正确与否，不同的顾客需要不同的赞美方式。赞美方式的正确选用和赞美程度的适度把握，是对顾客赞美是否能够达到实效的重要衡量标准。

教练如何赞美顾客要遵循以下的内容：

① 寻找顾客的一个可以来赞美的点：赞美顾客是需要理由的，我们不可能凭空地制造一个点来赞美一个顾客，这个点一定是我们能够赞美的点，要有一个充分的理由来赞美你的顾客。这样的赞美才能使顾客更加容易接受，这样的赞美才能使顾客从内心深处感受到你的真诚，即使这是一个美丽的谎言，顾客也会非常喜欢。

② 这是顾客自身所具备的一个优点：我们要发现顾客的身上所具备的优点和长处，优点和长处正是我们要大加赞美的地方，顾客的优点可以从多个方面来寻找，例如顾客的事业、顾客的长相、顾客的举止、顾客的语言、顾客的家庭等多个方面来进行赞美，当然这个赞美要是顾客的优点，只有赞美优点才能够让顾客感受到你是在赞美他，如果你不加判断地赞美了顾客的一个缺点，那么你的赞美只能适得其反。

③ 这个赞美的点对于顾客是一个事实：顾客的优点要是一个不争的事实，

对于事实的赞美和陈述是我们对事物的基本判断，会让顾客感觉到，你的赞美没有任何过度的地方，这样的赞美才会使顾客更加容易心安理得地接受。

④ 用自己的语言表达出来：对顾客的赞美要通过我们组织自己的语言，以一种自然而然的方式非常自然地表达出来；如果你用非常华丽的辞藻来说明一个生活和工作中经常遇到的问题，那么我们就会认为你是一个太过做作的人，顾客对你的话的信任就会打一些折扣，所以用自然的方式来表达你的赞美将是一种非常好的表达方式。

⑤ 在恰当的时候真诚地表达出来：对顾客的赞美要在适当的时机说出来，这个时候才会显得你的赞美是非常自然的，同时对于顾客的赞美可以适当地加入一些调侃的调料，这样更加容易调节气氛，让顾客在心里感觉非常舒服。

总之，说对方想听的话，听对方想讲的话，这是沟通任何事情的核心。其中对顾客的赞美尤为重要。这是与顾客沟通开口说话的第一语言，因为大部分人的内心都是渴望被认可与想获得别人赞美的，大家都不想听到别人第一次见面就说自己的不好，哪怕是事实。

4. 预测顾客健身的美好未来

英国作家查尔斯曾说："好未来是可以预测出来的。"人们都乐于接受充满希望的祝福，哪怕在顾客看来是有些言过其实的成分，人们也会很喜欢听。心理学研究表明，人人都喜欢听好话，尤其是关于人们未来的美好预测，即使不准确的，人们也乐于接受。所以，美好预测是抚平顾客情绪的一种好办法。

我们教练应当把顾客健身的美好挂在嘴上，对于私人教练的成交来说，在向顾客、准顾客、潜在顾客进行课程推介时，应当把对顾客健身的美好未来放在心里，挂在嘴上，这是解决课程销售中出现的各种问题的基础。给你身边的每一个需要健身的人都预测一个好未来吧！也许，在你一张嘴的功夫，你已经成为受人尊敬的私人教练。

（三）案例直击

一位微胖的女性顾客，姓张，教练想让她聘请私人教练购买私教课程。我现在想让这位张女士自己明确肯定地说出自己的需求。

第一种方式：

Sam：张小姐：你好！……你到健身会所主要的健身目的是什么啊？

张小姐：减脂啊！

Sam：哇！你身材保持得这么好，还要减脂啊？看上去还不错啊！

张小姐：哪有喔，你看我肚子上这么多肥肉，腿这么粗，我在结婚前体重才52kg，现在都快63kg了。

Sam：喔！是吧！那你现在希望身材回到你结婚前的身材吗？而且更健康，状态更好。

张小姐：当然想啊！

第二种方式：

Sam：张小姐：你好！……你到健身会所主要的健身目的是什么啊？

张小姐：减脂啊！

Sam：嗯！是的，你腹部的脂肪是该减一下，看上去有一点多，减下去你的身材会更好。

张小姐：其实不过还好了，我身边的朋友都说我身材保持得还不错，她们都比我胖多了。我穿休闲衣服还好，看不出胖。说实话，我过来主要是出出汗，长时间坐在办公室几乎一点都不动。

通过上面的案例我们可以看到，第一种沟通方式我们首先对顾客进行了赞美，虽然她的身体的确有些胖，顾客很高兴我们的赞美，自然而然地乐意接受我们的建议；第二种方式，我们将实话告诉了顾客，后果是顾客直接就进行了排斥，基本上关闭了与我们进一步沟通的大门。从这个案例，我们可以看出赞美顾客在课程推介中的重要性。

思考

与顾客约谈时你怎样和对方沟通?

_____

_____

_____

经典重现

1. 在有效沟通前, 一定要做好各种准备工作。

2. 第一次与顾客沟通就能让顾客有好的感觉。

3. 应当把顾客健身的美好挂在嘴上。

三、成交有章可循

不论做什么事，不懂得那件事的情形，它的性质，它和它以外的事情的关联，就不知道那件事的规律，就不知道如何去做，就不能做好那件事。

——毛泽东

私人教练作为国内一个新兴的服务于健身需求的职业，在俱乐部除顾客卡的销售外，私教课程的销售也占很大比重，但无论是健身俱乐部、健身工作室，教练都必须懂得基本的商业知识。有的教练感觉到私人训练中最重要的莫过于教练具有渊博的人体知识，以及对客人的关注程度，然而随着时间的推移，成功的私人教练逐渐认识到除非学会怎样推销他们的专业和服务，以及如何经营，否则其余的知识就没有价值。做到这些困难吗？不难。其实，成交顾客具备有章可循的规律。

下面就私人教练成交顾客并签单，提出以下沟通与销售的实用技巧，与大家一起分享成交的快乐。

假设你的自身能力为100分，而你的专业知识及沟通能力各占50分，但是你不善于沟通和表达，也就是说你只能把自己的50%的能力传达给对方，那么你在对方的心里也只会被打50分。对方绝对不会每小时花300或500元请你做他的私教，明明值这个价钱的你，就是因为缺乏沟通销售技巧而无形降低了自己的价钱与收入。

大家都知道，凡事都是有规律的。我们要学会的就是掌握规律，按照规律行事。比如，我们身体在一天中的不同时间段各个器官的运作规律会有不同的状态。如：早上7点至9点是人体补充营养成分最佳的时间，但是你这个时候却在呼呼大睡，在一天营养摄入身体吸收最佳的阶段你错过了。晚上23：00-01：00应该是人体肝脏需要休息的时候，但你在吃夜宵或喝酒（这时你只顾一杯一杯地"干"，而把肝放一边），如果长期如此，你的身体健康一定会出问题，身体免疫系统一定会出现危机。再比如，教练给顾客做身体体位评估，我们需要先让顾客调整体态（让他的身体回到生活中最真实的体态），然后第二步从脚往头部一步一步评估出他的体态哪里有问题。再如，准备同样的佐料、同样的菜品，烧出来的味道为什么会出现天壤之别？区别在于他们烧菜的整个流程细节不一样，大厨掌握菜的习性，他能更好地掌握油温……我在这里用这样的例子只想告诉你，世间所存在的一切事物都是有规律可循的。私人教练把课程销售给顾客的整个过程，也是很有规律的。教练有教练的心理规律，顾客一样有他的心理规律，接下来我将讲到的就是健身私人教练成交顾客时的规律流程。

（一）做体测前进行课程推介

课程计划的推介就是带领你的潜在顾客走到你的健康思想世界，从而令他们明白及认同你所要提供的健身计划课程。做一次成功的课程销售所带来的满足感是一种心情，更是金钱不能够代替的，如果你只做私教课程销售，只专注金钱的回报，那么你将会失去做私教课程销售的真正乐趣。一个成功的私人教练会通过提问获得顾客的大量的信息，在交流中他们大部分时间也是花在提问和倾听上面，好的提问会让顾客畅所欲言，并且告诉你他们的要求目标和一些自己的担忧。这些都很重要，当我们掌握了他们的情况时就会有一个发展方向。现在我举个例子，当你约好一个新顾客来做运动前，除做自我介绍外，我们会对他进行了解。

（二）案例直击

教练：你好，能告诉我你来健身中心的目的吗？因为每个来健身中心的都有他们的健身目的，如减脂，增加肌肉，改善身材，提高体能等，我也希望了解你的健身目的，请问你的健身目的是什么？

客人：我觉得自己太胖了，想把脂肪减下来。

教练：你想用多久的时间得到你想要的结果呢？由于什么原因让你决定现在一定要把自己多余的脂肪减下来？

客人：我最近老是感觉自己很累，影响了工作和生活，我要身体更健康一些，穿衣服更好看，因为去年的衣服现在都穿不上了。

教练：你现在真的决定想要自己更健康吗？身材更好吗？你准备一周过来健身几次？

客人：四五次，如果不想让身体更健康的话，我就不会过来花钱办健身卡了。

教练：如果满分是 10 分的话，你有几分的欲望想让身材变得更好，身体更健康？

客人：有七八分吧。

教练：噢，你的决心是很强的，只要健身的方式方法是科学的，你一定会实现自己的健身目标的。

客人：希望如此吧。

教练：你放心，我一定会让你实现你的健身目标的，不过，你一定得配合我给你做的健身计划训练，每周过来四至五次，我们一定能实现健身目标的。我说的这些能做到吧？

客人：好的，没问题。

教练：那好，一会儿我会为你系统地做一下身体测试，测完之后，我会根据你的体测数据做一个适合你的健身计划。

客人：好的。

（注意：这时我们实际上已经成交了 60%。）

（三）在矫正顾客动作时推介私教课程

为顾客提供信息，这是很多私人教练最擅长做的一件事情，而且很多教练误认为给顾客提供的信息和讲解越多，顾客就会觉得你越专业。但事实不是这样，因为大多数人只对自己关心的事情感兴趣。所以，你在给顾客提供有关训练、营养或任何信息的时候，一定要围绕他们想达到的效果或者主题，而且提供的信息一定要清楚、简洁，声音和语气也要充满热情和自信，还要多用一些比喻或事例，才能为以后的成交环节做好铺垫。

教练：你好，我是这儿的教练 Sam，刚才看到了你练的动作是腹部的训练，介意不介意我给你一些训练上的建议？（注意：在矫正顾客动作时一定要等他们把动作做完后。）

客人：可以。

教练：其实刚才你做得也挺好的，可能是你做的速度较快的原因，我发现你的腹部训练是髋屈，腹部训练应该是躯干屈而不是髋屈，我来帮助你做一个动作示范，好吗？

客人：好的。

（注意：私人教练示范后应叫客人做一遍，问他是不是和刚才的感觉不太一样了。）

客人：是呀，好像比刚才肌肉感觉更深更累了。

教练：是的，这主要是因为你做得越来越标准了，在这之前没有教练指导过你吗？

客人：是的，我一直都是自己训练。

教练：那你为什么不请个私人教练教给你正确、科学的健身方法，然后在教练的指导下进行训练？

客人：噢，主要因为你们的课程太贵了。

教练：知道了，我是这儿的教练 Sam，我正好有时间为你做一下身体测试，看看你的健身效果怎么样。

（注意：在测试环节直接把他带入成交阶段。）

（四）让顾客不断肯定你的提问

例如：你是不是想减去那些多余的脂肪……

你是不是想练强壮一点……

你是不是想让自己的腹部更结实有形……

（注意：等等这些问法会让客人承认或认可你的想法。）

这些提问的技巧在于要抓住顾客爱美的心理，让顾客认同你的提问。你的提问应当围绕顾客健身的目的进行。记住，几乎没有人盼望着自己的未来是糟糕的。

（五）帮助顾客选择

例如：你现在最需要的就是……

我们就从这个大方向做起……

这里要注意，尤其是你帮顾客做出一个决定的时候，要多用"我们"这个词，而不是"我"或者"你"。比如，你想知道一个潜在顾客是否决定购买私教课程，在帮他做放松的时候，你可以这样问，"如果每周我们都可以像今天一样一起进行有规律的锻炼3次好不好呢？"我们这样问会无形中把你和顾客组成一个团队。从行为上讲，人类本身就具备相互依靠的特征，希望身边有伙伴的支持与帮助。记住当你问完这类问题后一定要安静下来，仔细地听顾客的回答，通过他的回答，你可以判断出自己前面的工作是否到位，他对你的信任感是否加深。

（六）推荐顾客先买一点试试看

建议顾客先买两三节试试看。我们可以这样对顾客介绍："这些课程很适合你，某某老总等也购买了这个课程，你可以先买两三节试试感觉怎么样。"在课程计划销售过程中，有些顾客有购买意向，但是由于对课程缺乏了解，不敢轻易地做出决断，这时我们应当给顾客一个心理缓冲的余地，给他一个实现部分购买的机会，先买几节课试试，如果确实不错，那就正式购买。这样，顾客就有了安全感。对我们来说，留住了顾客，就是抓住了将其发展为我们潜在顾客的有利机会。

（七）利用顾客买不到的心理

利用一些人越是得不到，越想得到，越是买不到，越要拼命想买到的弱点适时地进行营销。大家都了解"抢购"现象，经有关专家研究发现，"抢购"现象发生的原因从本质上来说就是由于某种商品供不应求，人们担心某一商品买不到后会对自己有不利的事情发生才倾尽全力抢购的。这种心理很多人都存在，因此我们的课程销售应当研究怎样利用买不到的心理。

（八）灵活把握不同身份的顾客

以上各种情况都打动不了你的客人的心时，你可以问问他是什么原因，如果他说你们的私教费有些贵，你可以这样与顾客沟通："……你给我的感觉是挺想拥有一个好身材的，如果我们在较短的时间内达到你的目的，你觉得其他的与此相比还那么重要吗？"

通过本章的介绍，我们可以看出，正像任何事物都有它自身的规律一样，健身课程的成交也是有特定规律可循的。上面这些规则、方法都是根据课程销售实践总结而来的。我们在私教生涯中，应当很好地利用这些经验，同时也要结合自己的工作实践去进一步深化和挖掘更多的成交经验，只有这样，你才会成为一个优秀的私人教练。

当然，在教练工作中遵循这些成交规律都是有很详细的成交步骤的，成交顾客就是执行这些步骤的具体结果。我根据多年来的教练工作经验，总结出了下一节我要讲的私教课程成交术十一大步骤，按照这个步骤成交顾客虽然不能说是百战百胜，但是实践证明成交率很高。我想，只要你遵循规律，再按照成交术十一大步骤成交顾客，你就会收获成功的快乐！

思考

怎样让顾客不断肯定你对他的提问？

第六章
绝对成单十一个步骤

舟循川则游速，人顺路则不迷。

——唐·马冯《意林·唐子》

私教成交顾客都必须要遵循一定的流程，现在我把成交顾客归纳为十一个步骤，分别详细地说明如下。

一、第一步：准备

我们知道，办任何事情都要进行准备工作，准备工作的开展情况决定了办事情的成败。

（一）准备的事项

1. 对要见到的顾客你要得到的结果是什么

我们私教要见顾客的目的无非就是成交顾客。"成交"，一切的准备都是为了成交，说得直接一些，就是让顾客购买你的健身计划课程。

2. 对方要的结果是什么

根据这些年我在工作中的观察，在顾客中来会所减脂塑形者居多数。健康是所有人的需求，向往美好是所有人的愿望。有的办健身卡的目的是要改善精神状态，有的是要增肌，还有一些追求形体美的女孩子要练瑜伽，等等。总之，顾客来会所的目的主要是追求美，让形体更美，身体更健康。

3. 我该如何解除他的抗拒

人们的思维方式大体上都差不多，当我们向顾客推介课程的时候，顾客从心理上肯定会下意识地存在抗拒情绪。归根结底，问题的实质无非是对健身课程效果的担心与课程的花费问题的顾虑，即效果跟钱的问题。

4. 我的底线是什么

我们与顾客沟通的底线包括价格底线、课程计划周期等。我们的底线是至少购买三节、五节、十节课程，或者即使顾客今天不买，我们无法向顾客推介课程也要让顾客能够上体验课后完成任务。

5. 我该如何成交

在约见顾客时，我们就应当考虑好如何成交的问题。在与顾客沟通之后，我们就应当从了解他想要的结果开始，把握住顾客的心理和我们的底线，想办法解除他的抗拒，从而成交。

（二）心态与情绪的准备

心态决定思想，思想决定行动，行动决定结果，不同的心态就会有不同的结果。在推介过程中，我们应当把所有顾客都当成VIP对待。因为，我们无法判断顾客最终会是什么情形。比如有些顾客起初对健身课程不是很了解，对于付费非常纠结，但是等他全部明白课程的内容之后，可能会一下子购买三万、五万的课程，这样的例子比比皆是。你是什么样的心态就会有什么样的结果，在你没有弄清楚顾客的真实意向之后，不要做判官，一定要把你见到的顾客当成VIP，以后再去慢慢梳理和了解。例如，你要去会见一个对你的事业和人生都很重要的顾客，你会高度重视并用积极的心态去准备。再如，你追一个女孩子，你的目的是为了得到她的爱情，那么你会全身心地投入追这个女孩子的过程中，你会积极了解女孩的喜好，接着会按照她的喜好采取行动。以上这两个心态积极的例子，由于准备充分，肯定会有好的结果。

再有，你有一个很重要的朋友来访，你会用心去招待他，安排最好的饮食；如果你有一个普通朋友来访，也许你会带他去吃便餐。这是什么原因呢，很明显是你的心态问题。

所以说，有什么样的准备就有什么样的结果，其中最重要的是心态。心态是很关键的因素，你的心态决定了你对约见顾客的重视程度，也决定了课程推介的成败。

（三）人和物的准备

我们私教在约见顾客时应当准备好相应的工具和有关工作，主要包括准备好小礼品、维护好测试仪器、环境整理、教练间的协调等工作。

做过私教的都知道，初次参与健身的顾客多数体质都比较差，顾客在低血糖的情况下往往容易晕眩，因此我们在自己的腰包里要经常准备一盒碳水化合物类的饮料和食品，以便和顾客沟通时起到拉近感情、融洽气氛的作用。同时，也应注意为顾客做测试的仪器要经常维护和检查，能够保持正常使用，避免出现在做测试时仪器无法正常使用的情况发生。会所的环境卫生要经常保持清洁，物品摆放有序，让顾客来到会所后感到舒心，给他们留下一个很好的印象。很难想象如果顾客到会所后发现桌椅板凳布满灰尘，做测试的仪器用手能触摸到灰尘，顾客心里会有什么感觉，他对我们的会所会有什么评价。另一方面，提前做好配合协调工作，协调工作处理得好坏，对成交有着很大的影响作用。如果协调工作没有做好，甚至出现教练推诿扯皮的现象，顾客肯定会产生反感，会感觉在我们这儿健身效率很低，白白浪费时间、金钱，因此协调工作必须提前做好，落实好每名教练的责任职责。顾客需要健美的，要及时由健美教练安排；顾客需要做康复训练的，私教应当在事前与康复教练沟通好，按时到达会所。如果顾客来了以后康复教练不在，顾客就会有受到冷遇的感觉，就会离去，那么成交顾客就会下降，情况往往都是这样向最坏处发展的。

（四）顾客见证

世界上最难的事情就是要让人相信你，同样作为一个私人教练来说，要让顾客相信你也是要做许多沟通工作的。要让顾客相信你，你就要提供证据。你要想一下，顾客为什么要相信你？为什么顾客要向你购买课程？提供证据是很关键的。比如人们到法院打官司，法官不会只听原告、被告的证词的，更不会仅以双方的证词作为判案的依据的，法官要看原告、被告双方的证据，证据才是法官判案、断案的依据。私人教练的从业资质是什么？是你的专业，你的工作经验。拿出你的顾客见证资料，这是对私人教练的基本要求。我先后培训过数百位私人教练，很多私人教练知道顾客见证资料的重要性，但就是不去做，能够做到顾客见证积累的少之又少。一般来说，从业1年以上教练积累10个以上的顾客见证资料是很容易的事情。在约见顾客时，你向顾客拿出顾客的训练照片、数据、测试数据、顾客健身前后的照片对比等资料，比你说再多语言都管用，顾客相信自己看到了什么，感觉到了什么，而不会重视你说了什么。如果今天要见的顾客是减脂的，那你就应当提前做好有关减脂类型的顾客见证资料、素材档案的准备工作；顾客是增肌的，你就应当准备好有关增肌的素材，准备好以往顾客的见证资料，比如增肌的数据、增肌前后的对比照片。总之，你应当充分准备好顾客见证的资料，这就为后面的成交打下了很好的基础，成交难度肯定就会大大降低。

这十一个步骤的每一个环节都环环相扣，如果完全按照这个步骤做下去的话，宛如行云流水，就能够达到天衣无缝的地步，那么你的成交量就会大大增加。

如果第一个步骤走错的话，成交的时候就会遇到更大的障碍，所以提前做好准备工作是很重要的。

二、第二步：邀约

（一）邀约的方式

邀约方式有两种：

1. POS（Poin Of Sale，简称后销售）：当天顾客入会后直接邀约顾客做身体测试并直接推销私教课程，或者铺垫私教课程。

2. 电话邀约：顾客办完卡后，当天由于顾客与教练的时间问题没能当天进行 POS，后面再次进行电话邀约。

（二）电话邀约

对于第一种邀约来说，太简单了，现在我主要讲一下电话邀约的方法。电话邀约顾客是一项重点工作，也是邀约中的难点。很多顾客参加健身活动往往只是三分钟的热度，或者出于某种原因来参加健身的，如果我们邀约的方式、方法不正确，那么我们可能会永远失去这个顾客。所以，需要我们私人教练对其进行正确引导，因为所有的行为都是引导出来的，所有的结果也都是引导的结果。

下面我讲一下对顾客几种借口的邀约方法。

有类顾客在接到我们的电话时，首先表示很忙，然后说以后有空的时候再联系我们。对于这类顾客来说，如果我们说话不当，就会失去他，因此我举个例子具体与大家分享一些很实用的电话邀约话术。

例：顾客陈女士，36岁，购买了俱乐部两年的健身卡，健身目的是减脂，对陈女士的电话邀约方法是：

（1）问候：陈小姐，你好！

（2）告诉对方你是谁：我是FCD俱乐部私人教练田元棋，你在我们的俱乐部办理了一张两年的健身卡对吗？（这叫寒暄）

（3）打电话的目的：你的健身体测和健身指导是由我来负责的，请问今晚七点钟你有时间吗？我给你安排一下。（这是我前面提到的邀约话术）

（注意：这时可能会遇到问题了，顾客可能会说，今天晚上七点没时间，以后我有空的时候找你吧。顾客的借口是真实的，她这样回答只能说是她觉得健身这个事情并不那么重要。）

教练：陈小姐，是这样的，在你入会以后，我们俱乐部有规定必须为顾客做健身档案。你昨天办的卡，我必须在一周内尽快给你做完健身体测和健身指导，以便之后在健身方面为你提供最科学、最安全的建议。你周一至周五有时间还是周末有时间？

（注意：时间的选择一定要做到二选一）

陈小姐：我周一至周五有时间。

教练：这样吧，我们暂时把时间定在周二晚上七点。

（注意：一定要把具体的时间锁定，你先上来打电话约陈小姐的时间是晚上七点，那么再约时间也一定要定在晚上七点，避免说定在七八点钟这种模棱两可的时间段。）

陈小姐：好的。

如果陈小姐明天确实没有时间，就会回答：我明天晚上七点没时间，以后我去找你吧。

这时，你这样回答：

教练：我们会所顾客很多，约见的时间都是要提前预约的，你看这样好吗？我明天下午再给你去电话，或者发信息给你，你的微信号码和手机号是同号码吗？我加你微信在微信上商定约见时间可以吗？

陈小姐：好的。

（注意：如果顾客回答以后有时间去找你，这肯定是个假命题，顾客不会去俱乐部找你的，因为你认为重要的，顾客并不认为重要。因此你不能回答"好的"表示同意。）

到第二天下午，教练这样给陈小姐打电话邀约：

陈小姐，我已经了解到你周一至周五晚上有空，我是你的健身指导教练，不要担心你会给我们带来麻烦，我们俱乐部有规定，把服务做到位，我的目的就是要把我的服务做好。如果有一个顾客在办卡后的一周内没有做体测，按照我们俱乐部的考核制度，我们私人教练会受到处罚的，所以请你配合一下。我给你做体测的时间不会太长，你最多需要 15 分钟的时间就能把体测做完，陈女士这周你只要抽出 15 分钟把体测做一下就行。

（注意：这是教练为自己向顾客争取跟进的机会，如果顾客不给你见面的机会，不给你体测的机会，那么你就没有以后的成交机会。只要顾客不给你引导他的机会，不给你帮助他的机会，你就永远谈不上成交。所以，在前面的步骤我们就开始讨论解决问题了。）

记住，任何事物都是一样的，就像链条一样，成交就是一个环环相扣的过程，是一个统一的整体。任何一个环节都会影响到链条的连接度，都会对最终成交产生影响，所以我们在任何一个环节都要做好，做到最完美，方案要做成最完美的行动方案。

还有，我们在邀约的时候会遇到一个问题，就是顾客可能会问，你们教练是不是收费的？是不是要钱呢？这个问题我相信做过三个月以上的教练都会遇到。这个问题我们应该怎么回答呢？

顾客如果说："教练，你们测试是要收费的吧？"

你要这样回答："陈小姐，因为你是 FCD 健身会所的顾客，这次测试是完全免费的。为什么要做这个测试呢？目的是为了让你在我们这里健身的时候，在每个阶段都会看到你身体的改变。为什么要测试？最关键的原因是我会告诉你我们健身会所里面哪些运动项目最适合你，哪些运动项目不适合你，你该如何去健身，因为这个事情都是有流程的，都是有步骤的。由于我是负责你的教练，所以我会到时候根据你的情况告诉你如何去健身，让你详细了解我们健身会所的运动项目和器械，帮助你得到想要的健身结果。"

如果她说："哎呀，我在其他地方都测过了，不再需要了。"

我们这样回答："陈小姐，你在其他俱乐部做过测试，那是以前的会所给你做的，你以前的教练肯定是在测试完成后就给你推荐购买私教课程，对不对？"

（注意：顾客怎么想的，我们就该怎样说，她之所以拒绝你就是因为她之前有过这样的经历，担心你和那个教练是一样的。要记住，拒绝是需要理由的，也是需要勇气的，因为顾客没有勇气去拒绝你，怕被你给说服了，怕掏钱，所以她这个时候就会找来一个理由，就是"我之前做过测试，我知道了要我测试就是要我买私教课吧"。所以，这个时候我们要站在顾客的思维角度去思考这个问题。）

这时，我们可以再次向顾客强调："我给你做体测不是为了向你推销私教课程，这个你放心。至于你觉得有没有必要购买私教课程，纯粹出于你自己的意愿，我作为负责你的私人教练，我需要做到的只是让你在我们的俱乐部里了解你的身体情况，我这边给你一些建议，这些建议一定是对你有帮助的。你看今天晚上七点有时间还是明天晚上七点来我们会所合适呢？"

需要牢记的是，我们打电话的目的就是要约她见面。

我们在电话邀约顾客的时候还可能会出现一个情况，就是顾客可能说，"我以前已经测过了，就是在你们俱乐部测试的，我现在不需要了，我既然在你们这儿健身，等我需要测试的时候再来找你们吧"。这种情况有没有？肯定会有的。记住所有的问题我们都会有更好的解决方式，那我们该怎么办呢？

你可以这样回答："陈小姐，接下来的身体体测和健身指导是由我来进行的，也就是说从今天开始你到我们俱乐部，所有的项目内容都是由我来负责的。如果你在我们这里训练受伤，我要负一定责任的，我希望你今天晚上抽个时间过来，然后我对你的身体了解一下，你上次做的应该是成分测试吧，还有其他两项测试没有做，就是体能测试和体位评估。你放心，我不会向你推销我们的私教课程的，真的，你要不要买出于你自己的意愿。"

所有的问题就一个，就是约她见面。

邀约的关键点是，我们在邀约的时候要站在顾客的角度去思考，顾客的顾虑是什么？他想要的结果是什么？我们一定要站在顾客的角度去思考和回答顾客的问题，以化解他的顾虑。我们教练要想办法解除他的顾虑，只要用这样的方式这样的思维去做，结果就一定不会太差。

三、第三步：健康问答

健康问答这个环节最关键的是我们要用到预先处理方式，也就是说，顾客在签单的时候，他可能有许多抗拒我们的理由，我们一定要从健康问答开始把这些问题解决掉。教练在这个环节通常容易出现的问题是什么呢？就是太职业化，太格式化。我相信大部分俱乐部的健康问答 90% 以上的内容和格式都是差不多的，即问顾客抽不抽烟、喝不喝酒、有没有健身经历、有没有受过伤、有没有疾病史、晚上吃不吃夜宵、有没有应酬、早晨吃什么、晚上吃什么等等。那么，一个顾客过来，你一见面就问他最近你的体重变化有多少？抽烟吗？喝酒吗？有没有什么疾病呀，这时顾客就会开始反感。这种大人责问小孩子的方式肯定让顾客感到不快，因为太格式化了。最好的方法是通过聊天的方式，把所有需要解决的问题，在不知不觉中将健康问答的内容全部完成。

健康问答这一步骤中我们要做的核心是什么？我们要做的核心就是：了解对方，也就是他是谁。

一般来说，健康问答的环节都比较长，通过健康问答，我们的目的就是要了解他的过去。就是他过去的身体情况是什么样子的，接下来就是通过测试告诉他现在的情况，然后给他规划未来。记住这三点，与顾客沟通的整个过程就会很顺畅了。

首先是了解他的过去。我们要很自然地把白纸黑字的资料放在那里，但是你不要太刻意去做这些。

现在我要讲健康问答怎么去问，怎么去答。所谓问答，就是一问一答；所谓健康，就是身体问题，所以叫健康问答。以下是三个核心问答部分：

（一）时间

我们约见顾客的时候，要了解几个情况，就是规避他的时间问题。通常，顾客到后面成交环节的时候可能都会说，"教练，我也很想健身，可是我主要就是没有时间，如果我有时间的话，我就会找你。"这个我们要注意，时间问题有可能是他以后拒绝我们的理由，需要我们提前去解决。

（二）决策权

也就是对于购买私教课程的事情，顾客自己是否说了算，是否能够自己做主。

（三）需求

就是顾客自己的具体的健身需求。

在健康问答的环节，这三个内容是核心的部分。

还是以陈小姐为案例：

教练：陈小姐，你好！你之前健身过吗？（注意：微笑着，很自然地问。）

陈小姐：我没有在健身房健身过，偶尔在外面跑跑步。

教练：你的身材很不错呀，最近的体重有改变吗？

陈小姐：最近有点胖。

教练：陈小姐，最近胖了多少呀？

陈小姐：我大约胖了三四斤吧。

教练：还好呀，是不是因为吃的问题，还是因为吃得太多动得太少呢？

陈小姐：主要是动的太少，吃的还好啊。

教练：你结婚了吗？

（注意：多数情况下，36岁的人都已经结婚了，陈小姐已经36岁了，干吗问她结婚没有呀，主要是为她做婚前婚后的体重对比，让她回到她最美好的时候。）

陈小姐：结婚了。

教练：你结婚前的体重跟结婚后的体重相比有什么变化？相差多少呀？

（注意：主要的目的是让她回忆最美好的时候的身体状况，她以前什么样子，现在什么样子。）

陈小姐：体重有变化，相差很大，现在发现肌肉越来越松弛。

教练：现在是什么原因才开始决定健身的呢？

陈小姐：是因为现在连我老公都说我的身材不好。（注意：我们私人教练就是问出顾客需求背后的问题。）

教练：那你现在健身想得到什么样的效果？

陈小姐：我想身材好一点。

（注意：当我们没有谈钱的时候顾客一般都会说实话，比如腿要细一点，肚子要小一点。当说到重点的时候，你要用笔记下来，陈小姐的健身需求是什么。）

教练：陈小姐，你最想通过健身让身体哪个部位最先看到效果？你想要达到这种效果，你准备每周要过来几次呢？

陈小姐：现在可以说每天都可以来，每周最少三四次都是可以的。

教练：那你在半年或者一年的时间里会出差吗？

陈小姐：不出差。

（注意：之所以问时间问题，就是为了规避她以没时间为借口拒绝，每周最少可以来个三四次，那么时间问题就解决了。）

接下来问决策权。

教练：陈小姐，到我们俱乐部来健身是你自己来还是和家人一起来健身呢？你自己办的卡还是家人的？

陈小姐：我是一个人过来的，自己办的卡。

教练：那你为什么不带你的老公和你一起来健身呢？

陈小姐：我老公很忙。

教练：那你老公支持你吗？

陈小姐：老公当然支持我了，很支持我了。

这是在问顾客的决策权，为什么我们现在问顾客的决策权？弄清楚顾客到底有没有决策权，决策权限有多大。这是为了准备顾客后面的环节中以家人不支持为借口拒绝，避免顾客以需要争取家人的支持作为理由。

如果顾客是一个学生，教练就得问，"你过来健身家人支持吗？你的健身卡是你办的还是家里人办的？"这就是在问顾客的决策权。当一个人没有决策权的时候，我们说再多也没有用。如果顾客是个女的，你就得问，"你来健身家里人支持吧？你为什么不陪家人一起健身呢？"如果顾客是个男士，你就得问，"你为什么不带你老婆一起来健身呢？你老婆支持你吗？"为什么要提前问，因为害怕他后面他会说他得需要和老婆商量商量。

总之，决策权都要提前问出来，在没有谈钱的时候，顾客对这些都是很容易回答的。

接下来就是再一次地强化他的需求。

我们可以再一次地问他来会所健身的目的是什么，这时候，顾客通常都会说出自己的健身目的。在这个时候，我们就应当开始强化需求了。

教练：想减脂吗？我看你的身材可以啊，你真的想开始减吗？

顾客：真的。

教练：如果满分十分，你现在有几分的欲望一定想减？

（记住：在这个步骤这个话一定要问，如果满分是十分，你现在有几分的欲望一定想减？这是在干什么呢？这是在再一次地强化顾客的需求。通常在七分以上就代表欲望很强烈。）

顾客：有八分吧。

教练：那你健身的欲望是很强烈的，另外的两分是什么原因呢？

这个步骤就开始解除他的心理问题了。在这个阶段问他问题的时候，我们还没有开始给他做测试，后面成交时候的许多需要解决的问题，我们已经在规避并提前都已经处理好了，至少他不会回答我们，"我是随便来健身的，其实我也没有想一定要练成什么"。因为我们提前都已经问好了，顾客的健身欲望在八分，是很强劲的。他不会刚才有现在就没有了，如果他在成交环节的时候说没有，不就等于自己打自己的嘴巴吗？所以"如果满分是十分，你现在有几分的欲望一定想减？"这一句话一定要问。

在这个环节我们规避了三个顾客可能拒绝我们的问题，一是没有时间，二是我得征求家里人的同意，三是我只是随便练练。在健康问答这个环节中，我们一定要把可能遇见的问题尽量规避掉。

我们还应当关注的是顾客的疾病史。顾客可能以前在哪儿受过伤，有什么遗传病，顾客最近身体有什么情况，我相信作为教练你应当懂得。如果当有一天顾客在健身的时候身体出现了问题，作为教练的你将会负法律责任。所以，了解顾客是否有疾病史是非常重要的。

四、第四步：身体体测

身体体测包括三要素，第一个是身体成分测试，第二个是体位评估，第三个是体能测试。这一个过程主要了解顾客身体情况以挖掘需求并与顾客建立信任关系的过程。下面我和大家分享一下几个关键问题。

（一）围绕顾客需求做好身体体测

怎样围绕顾客需求做好体测？举个例子，在做测试的时候一定要前后呼应，假如顾客是过来减脂的，教练就应当说明每一项体测跟顾客的减脂有什么关系。如果这个顾客是增肌的，教练做体测的时候应重点强调，体测跟增肌有什么关系。教练应该注意，在这个环节沟通是很重要且微妙的一个过程。比如，顾客的健身需求是减脂，我们在介绍测试项目的时候，如身体成份测试，教练说，"身体成份测试是主要了解身体健康标准，看你的亚健康分数是多少？"顾客兴趣与专注力肯定不大，如果我们现在换一种说法，"身体成份测试主要测试你的身体脂肪量、脂肪分布、脂肪百分比，以及基础代谢等，我们测试完就知道你需要多久的时间可以通过科学健身计划实现你的减脂目标"。

下面的所有环节一定要围绕顾客的需求展开。关于这一点，我再举个买衣服的例子：今天我去一家服装店买衣服，在买衣服之前我们就有确切的目的，即今天晚上有一个商务型的派对，我今天会去服装店买适合参加派对的衣服。我要的是商务型的服装，但是如果服装店的服务员拼命地为我推介休闲型的 T 恤或者正装，即使他拼命讲衣服如何好，我肯定也没有兴趣，因为我需求的是商务型的，不是休闲型的。如果营业员了解我买商务型服装的原因，他就会告诉我，哪件衣服最适合我晚上的派对，穿出来会对我气质上有帮助，对参加派对会有什么样的效果，在朋友眼中有什么样的评价；如果晚上的派对没有选上合适的服装，对我有什么影响。这些话对于我这个买商务装参加晚上派对的人来说，是非常喜欢听的。

我们在测试环节一定要注意一点，就是顾客最想听的是什么？他最关注的是什么？围绕他关注的点进行有效的沟通。如果顾客的状态是处于亚健康的，他来健身就是为了提高身体素质，那这时我们就应该告诉他，测试的目的主要是为了了解他的亚健康状况。

（二）通过身体体测，塑造和挖掘顾客需求

众所周知，一个顾客的胖瘦我们用肉眼就能看得出的，但是如果我们用数据细化他的身体参数，顾客会更容易相信我们，同时也能让顾客更清楚地了解自己的身体状态。通过体测，我们的目的主要是通过明确数据明确需求和标准值。做这项工作的核心是什么？就是要不断挖掘出顾客的需求。因为有的顾客过来的时候，如果他的需求不是很明显，这个时候我们就要为其塑造需求。怎么塑造需求呢？就是在我们的体测环节中间塑造的。这几个环节主要是了解顾客的身体情况。在顾客最关心的环节一定要做深入的讲解，这是测试环节的重点。如果顾客在这个环节不想听，那你讲什么都是毫无用处的。比如一个顾客来会所，他最初觉得到健身房跑步、跳操就可以实现自己的健身目的。此时，我们在体测的时候，就需要着重讲解。最初需求就是减脂的，而你看到顾客的形象比较胖就开始给这个顾客讲减脂的东西他未必感兴趣。因为一部分顾客，有自卑心理，如果你给他讲怎么能愉快地健身，他就可能很感兴趣。反正是你和他讲愉快健身的内容，不去讲瘦怎么样，哪些可以瘦，

哪些不能瘦，因为你讲这些他就可能会反感。我们知道，每个人的性格不一样，有的顾客希望听到的信息就是需要教练尽快地告诉他他的身体究竟哪儿有问题。然而，有些教练就是说得太多，一二三四五六七八地罗列很多，讲得很细，顾客就会很反感。对此，在后面我会讲到对于不同的顾客我们要用不同的方式进行有效的沟通，不同类型的顾客我们应该用不同的方式进行讲解测试的成分。如果有的顾客是急性子，脾气急躁，测试的环节你说得很多，这个急性子的顾客就会很烦；如果有的顾客是很注重细节的，教练在测试环节假如天马行空，不着边际，很粗糙，很轮廓化，不注重细节的话，那么这个顾客就会不相信你。所以说，体测环节是与顾客建立信任关系的一个非常重要的环节。这个道理不难理解，因为在体测的时候才能证明教练的专家身份。在做体测的时候，对每个体测的环节教练都要做出讲解，讲解他的身体哪里好，哪里不好，不好会怎么样。教练在为顾客做体测的时候重点应该沟通好几个环节，即告诉顾客做每一项测试的目的是什么，然后告诉顾客每一项好会怎么样，不好会怎么样。

（三）告诉顾客用科学训练才有健身效果，引导对比消费

1. 引导对比消费

通过上面我的讲解，我们可以看出在体测过程中，教练实际上是给顾客上了一堂体验课程。作为教练，针对一些动作应向顾客讲清楚，"这个动作练对了会怎么样，练错了会怎么样。如果你用不科学的方法做这个动作，对你的身体会有什么不好的影响；用科学的方法做这个动作，又会对你的身体形成什么样的好处"。也就是说，要告诉顾客，用科学的方法健身会有什么好处；如果不用科学的方式而是按照自己的方式健身，对他的身体会有什么样不好的影响。其实在我们做体测的时候，完全可以做到这一点的。再做个简单的比喻，我们在体能环节测试顾客的胸部肌肉耐力的时候，会用让他做俯卧撑的方式进行。在做俯卧撑时，手位不一样，胸部上升的角度不一样，距地面的高度不一样，肌肉的承受能力也就不一样，顾客关节屈伸的角度不一样，体会感受也就不一样；停顿的时间不一样，顾客的身体感受也是不一样；

呼吸不一样，顾客的身体感觉也不一样。我们可以告诉顾客，用科学的方式指导训练才会有好的健身效果。我们实际上在潜移默化地告诉顾客，作为专业的训练与顾客自己理解的那种训练的区别。在这个时候，我们已经引导他开始进行对比了。通常而言，我们所有的消费都是对比的消费，因为这是衡量的消费。我们教练就是引导他进行比较，让他思考"我为什么要花这个钱？"给他个理由，"我为什么要一个小时花四百块钱请私人教练？"我们就是给他足够的理由说服他自己。所以，在体测环节的时候，这些都是非常关键的。

2. 持续挖掘需求

在体能测试环节，我们不仅要通过体能测试了解顾客的体能状况，接下来以便为顾客量身定做一份适合他的健身计划，而且更重要的是如果在前面的测试环节中我们还没有找到顾客的需求，那么我们在这个环节可以继续挖掘顾客的需求。一方面，体测环节时候的讲解，所有的讲解，要根据顾客的背后需求，形成相辅相成的联系跟关系。在体测环节就是要引出他的需求，找出他的需求。另一方面，我们通过体位评估，可以发现他的身体体位是否正常。我们的目的是发现他身体存在的问题，然后告诉他这对他有什么影响，对他的生活有什么影响，会带来什么坏处，标出顾客的需求。我们的目的是：（1）通过测试数据可以更有针对性地为顾客安排健身计划。（2）从成交顾客的角度考虑就是不断地发现需求与挖掘需求，找出顾客的需求来。这如同医生为人治病一样，在通过医疗仪器的检测后，告诉患者他的身体细节状况，然后给患者做出诊治方案，我们对顾客的体能测试与此有异曲同工之妙。

（四）围绕顾客痛点，扩大需求

需要我们注意的是，在上面的环节我们在健康问答的时候，通过和顾客寒暄走了三个步骤，了解了顾客的过去、现在、未来。一般来说，首先我们了解了他的过去是什么样的，过去的他是因为什么原因导致了他现在的这种状态。打比方，他现在决定到健身所健身，以至于他现在一周来健身所三四次，我们就要了解他过去的一些什么数据和哪些动机，导致了他现在的身体情况和现在做出的选择。接下来我们了解到他现在的身体情况，他现在的一些数据，这就走到第二个步骤、第三个步骤。关于他的成分测试，所有的健身俱乐部都是一样的，成分测试仪器，分析数据都是一样的，肌肉、体重和脂肪、脂肪比例、内脂、肌脂百分比、脂肪肌肉分布等。在这几个步骤里面，第三个步骤我们是一定要给他走完的，只是什么时候把它走完的问题。如果今天顾客过来做测试，在成分测试的时候我们没有挖掘出他的需求，那么一定要在走第二个步骤体位评估时找出他的需求。需求分为两种，一种是显性需求，一种是潜在需求。比如这个顾客表现出来的需求是减脂，但是这个时候还没有构成他的很强烈的欲望，在这种情况下，我们就应该再一次找出他的需求，找出他的痛点。如果他这儿不痛，就找另外一个，另外一个不痛，继续找另外一个。因为只有你刺激他的痛处，他才有感觉，才会相信你说的话。

体位评估也就是找出他的需求，成分测试也是找出他的需求。在每个阶段找出的需求点是不一样的。关于这一点，我相信每家俱乐部的教练经理、领导人、会所老教练，在怎么做体位评估、怎么做体能测试方面，他们都会很熟悉的，在这里我就不细讲了。我只告诉大家，在成分测试的时候，当他的需求不是很明显的情况下，你一定要记住第二个步骤、第三个步骤。因为前面我们做的一切都是为了成交，如果成交不了，所做的一切都是白费。

（五）体测环节灵活推介，择机成交

在做这个体测环节的时候，我再次给大家讲一下重点。在体测环节，有很多教练容易进入一个误区，那就是太把产品单一化了。对我们教练来说，既要明白服务也是一种产品，更要掌握教练团队都有什么样的"产品"。例如有康复课程、拉伸课程，有体能训练课程，拳击训练、普拉提课程等，我们要清楚地知道这些都是我们的产品。有些教练太容易把自己局限在只卖一种产品的误区里，其实，我们有许多产品可以卖出去，比如体位评估，体能测试的时候可以卖的产品太多了，怎么找到顾客的兴趣点、需求点，这是很关键的。找到之后，我们想办法引导顾客成交，才能把合适的产品推荐给他。私人教练干的工作就是了解这个顾客的身体情况，找到最适合他的产品，进行销售链接。然后最终让他做一个选择，而不是卖给自己，实际上是跳出自己来卖自己，而不是因为产品不好。我所讲的私人教练的产品，其实是讲你这个私人教练团队拥有的产品，让顾客做一个最明智的选择，这是所有教练在做完所有的测试之后最需要得到的结尾或者说是结果。就好像去看医生，病人到医院后体检，体检完成之后，医生告诉病人该吃什么药，该怎么去治疗。假如说病人患的是感冒，初期只是抽血、打针，但是通过体检之后发现病人的体温已经到了 39 度了，通过血液检验病人现在是病毒性感染，那这时候医生会让病人做肺镜，再去做一些呼吸道的检查。这个时候就很像私人教练要干的工作，根据顾客的情况，找到最适合顾客当前身体状况的每个阶段的产品。每个顾客的身体所处的阶段不一样，性格不一样，需求不一样，他所需要的产品也是不一样的。

在这个环节，私人教练容易进入一个死胡同，认为顾客就是增肌减脂，顾客就要练肌肉，顾客就是要减脂，或许在这个时候会让部分顾客失去兴趣，因为这个时候有的顾客会感到很无聊，他会认为"我不需要一对一，练器械不好玩"，也许这个时候我们推给他拉伸课程、拳击课程，有的顾客会有这个需求，但是被我们拒之门外了。在这个环节，我再次强调一下，根据他们的不同情况，把他们不同的产品需求掌握清楚，将合适的产品推介给他。

核心关键要点总结：展现出专业水准，与顾客建立信赖关系

在上面我讲了身体体测的步骤，现在我着重将该步骤的核心关键要点总结一下。在做身体体测的时候包括三个方面的内容，一个是身体成分测试，第二个是顾客的体位评估，第三个是体能测试。这三个测试的目的是什么呢？目的就是了解顾客的身体情况，方便我们在后面为顾客做健身计划的时候能够做出一个更适合顾客自己的健身计划，以帮助顾客得到他想要得到的健身结果。那么站在一个成交的角度来看，就是在这个时候我们能够更好、更深层地挖掘顾客的需求，并和顾客建立更好的信任关系。例如，在前面的环节我们就得知这个顾客的健身目标是减脂，在为顾客做身体体测的时候，我们就要明确这个顾客的健身目标就是能够得到他想要的减脂目标，在身体体测的步骤里我们要着重了解这个顾客身体的一些详细数据。顾客可能原来只有减脂一个需求，现在我们要继续挖掘他更深的需求。我们现在还不知道顾客

的身体体位有什么问题，只知道顾客渴望得到他的减脂目标，我们了解了顾客身体体能状况之后，就能够做出一套更适合他的健身计划。在这个体测过程中间还有一个重要的事情，就是与顾客建立信任关系，让顾客对我们有信任感。体测环节完全体现了教练的专业水平，就如同医生通过对病人体检来判断病情一样，娴熟的医生会一眼看出身体存在的问题，并对症下药。所以，第四个步骤是教练跟顾客建立信任关系最关键的一个环节，因为这个时候最能体现我们健身私人教练的专业水准，我们是否是专业级的教练，在体测环节就可以完全地体现出来。当私人教练对整个流程都比较娴熟的时候，顾客对教练的信赖感就会加分。一个教练是否专业，顾客都能体会得到，如果私人教练在做体位评估的时候，让顾客感觉到教练不专业，那么顾客就会对我们会所、对私人教练产生不信任感。因此，在这个环节应当将我们具备的专业知识呈献给顾客，让他更相信我们，以便为后面的成交减少更多的障碍。如果顾客已经信任我们了，那么他就会在以后的环节相信我们说的话。在为顾客做完体测之后，我们就了解了顾客的整个身体情况。顾客的身体体测数据出来之后，我们就进入第五个步骤——分析数据。

五、第五步：分析数据

所谓数据分析，我们可以这样向顾客说明，以陈小姐为例，她的健身目标是减脂塑形。教练可以这样说："陈小姐，通过对你身体测试的了解，你的脂肪应该减掉4千克，你的肌肉量增加2千克，肌耐力偏弱，心肺功能较差，你现在的身体体位评估下来有肩关节活动幅度受限。"这些结果都要给顾客标注下来。把这些数据分析下来的目的就是要明确告诉顾客，这些是他想实现健身目标需要改变的数据。要让顾客明确知道：现在身体通过测试下来，一、二、三、四项，这四项就是顾客现在的身体需要改善的。

在明确顾客的需求之后，我们就要为他做出健身方案，制订健身计划，这是我在第六个步骤要讲的内容。

核心关键要点总结：围绕顾客健身目标进行数据分析

在第五个步骤进行数据分析时，就如在医院里医生拿出我们体检的化验单，根据化验单的检测结果，对照有关标准给出治疗方案一样，我们对照标准，分析顾客的体测数据与标准数据之间的差距，顾客的身体要达到这个标准数据的要求有哪些，必须有一个过程。作为私人教练，我们就要告诉顾客，要达到这个标准数值所走的健身流程有哪些，这也相当于医生为患者开具的药方。分析数据有几个关键点需要我们注意，假如顾客的健身目标就是以减脂为主，这时我们私人教练一定要围绕顾客的这个健身目标为他分析数据。如他在体位评估的时候，他的肩关节有问题，我们就可以告诉他，他现在的数据与标准数据相差多少，以及可能会导致他在减脂塑形的过程中出现什么问题；在他实现健身目标的过程中间，因为他的肩关节存在的问题，会导致他的健身效果在什么时间才会实现；如果他的肩关节存在的问题不解决的话，对他的减脂会有什么影响，他的体能好了以后对他的减脂塑形会有什么好的影响。所以，我们的着力点就在于围绕他的减脂需求与他分析数据。如果顾客过来可能是增肌的，我们可以告诉他，通过体位评估，他的肩关节存在的问题，对他的增肌会有什么影响。因此，我们要围绕他的健身目标分析他的身体数据，告诉他现在的身体数据与要达到的健身标准数据之间的差距，站在这个角度与他沟通，这是我们分析数据环节中一个非常关键的要点。

注意，在讲解的时候不要太格式化，一定要生活化，把数据延伸到他的生活。比如告诉他，中午饭后容易睡觉，但是如果他的数据提升了以后，他每天都会精神饱满，中午一定没有想睡觉的那种感觉。告诉他，他为什么想睡觉，是因为他的基础代谢太低了，如果基础代谢改善了，那对他每天的精神状态都会有很大的帮助。如果顾客是减脂的，你就应当告诉他，"你现在的基础代谢太低了，这是导致你容易增加脂肪的最主要的原因；如果你的代谢高了，即使今天不健身，你会消耗更多的热量，你的身材就会保持得更久"。因为顾客是减脂的，如果我说"你的精神状态会更好"，顾客肯定不会满意，但是如果顾客来健身的目的就是为了身体更健康，你这样说，顾客就会很满意。

假如你对顾客说,如果你的数据好了,你就会很瘦很壮,这个顾客对"瘦"与"壮"感觉都不重要,顾客只要精神好才是最关键的。所以,顾客最关心什么,我们在测试时就讲什么,这是非常重要的。假如他是增肌的顾客,通过体测你可以这样告诉他,"你的数据好了以后,你每个月的体重会上升多少,如果你的数据不改变,会影响你的运动效果、运动质量,让你的体型变得不协调"。这样,我们就会链接到顾客的需求,再进行深入的沟通。不论是来健身会所增强体质的、增肌的,还是来减脂康复的顾客,我们都要针对他的需求进行有效的沟通,这在分析数据的环节至关重要。

六、第六步:制订健身计划

我们在掌握了顾客的体测数据并为顾客做出详细的分析之后,就要告诉顾客根据他的身体数据需要进行的健身项目,然后明确顾客的健身需求,做出健身方案,为顾客量身定做健身计划,以总结的形式写下来。

(一)明确顾客健身目标,制订顾客健身方案

通过第五个步骤我们了解了顾客的身体数据,接下来就是要明确顾客的健身目标。例如顾客通过我们对他的测试,得出的数据分析,他需要减脂10千克,增加肌肉2千克,提高基础代谢每天要多消耗100卡路里;要改善腰肌劳损;改善颈椎前屈。在为顾客制定完健身目标后,接下来我们要为他做出健身方案。制订健身方案的时候我们首先要告诉顾客,从他的身体状况考虑,每次来会所健身分为四个步骤,以减脂为例:第一个步骤是热身,第二个步骤是抗阻力训练,第三个步骤是有氧,第四个步骤是拉伸,这是顾客每次来健身的流程。

1.热身

　　热身需要多长时间呢？热身的时间一般是 5 至 10 分钟左右；热身的目的是活跃关节，激活目标训练肌肉，提高顾客的身体在训练中的表现能力，防止顾客在健身运动中受伤。

2. 抗阻力训练

　　在第二个阶段，顾客要增加抗阻的训练。为什么呢？是因为通过对顾客的身体测试，发现顾客的肌肉质量较差，肌肉质量较差就会影响到代谢质量，如果基础代谢太低，摄入的热量就容易被吸收，热量容易被吸收，就很容易转化为脂肪。所以，我们要解决的一个核心问题就是提高代谢率。为什么有些人跑步一段时间之后就瘦下来了，但是又容易反弹呢？就是因为他的基础代谢没有增加。因此，我们要不断强化提高基础代谢率这个核心。很多人减脂下去以后的基本情况会是什么样子呢？那就是容易反弹，这就是我们安排他按时进行抗阻力训练的原因。顾客会问，什么是抗阻力训练。抗阻力训练也称为力量训练。一般来说，如果顾客是女性的话，我们和她讲力量训练，她可能会有些排斥。所以，我们应当这样说："抗阻力训练是什么呢？抗阻力训练有 TRX（全身抗阻力训练），有 360，功能性训练地垫，还包括我们现场的一些塑形器械的训练，这些都称为抗阻力训练。"抗阻力训练由于每个人的训练方式不一样，顾客每次要练多少组，多少次，应该休息多久，呼吸应该是怎样的，顾客做运动时的角度应该是怎样的，这些都是非常有讲究的。每个人的身体情况不一样，他的训练就不一样，运动的节奏和强度当然也都是不一样的。这些都没关系，到时候，我们教练会找到适合每个顾客强度的最合适的抗阻力练习。抗阻力训练需要 45 分钟到 60 分钟的科学有效训练，这个时候要暗示顾客并不是做两组就可以了，如果说随便做两下就可以达到那样的效果了，那我相信健身房里每个人的身材都是非常棒的。这个时候，顾客做多少组、多少次，应该怎样呼吸，强度应该控制在多少，练完之后应该怎样去拉伸，这些也都是非常有讲究的。这和运动员一样，比如举重运动员、马拉松运动员、体操运动员，他们的身形都是完全不一样的。为什么会不一样？其实他们的运动器械都是一样的，那是因为教练交给他的方法不一样，所以就会导致他们的身材不一样。也就是运动过程不一样，就会导致他们的结果不一样。你用马拉松运动方式，你就可以得到马拉松运动员的身材；如果你按照举重运动员的方式，那结果就是举重运动员的身材。所以，方法是至关重要的。教练给的不同的方法、不同的建议，顾客不同的训练方式，那结果肯定是不一样的。因此，要找到最适合顾客自己的方法是很关键的。教练在这个时候可以给他比喻，让他想象举重运动员、马拉松运动员、体操运动员的身材以及这些运动形象的差别，那么顾客脑子里的画面就会不同。所以，方法很关键，在这个时候就要不断地暗示顾客方法的重要性。

3. 有氧运动

第三步是有氧。有氧是什么呢？就是像跳操、在跑步机上跑步等运动都是有氧运动。就是说，顾客运动完了以后可以随便跑跑步，出出汗，教练可以根据顾客每次运动的强度安排不同的有氧运动。如果顾客今天练得很轻松，那么有氧的时间就可以长一些；如果很累，有氧的时间可以适当缩短一些。

顾客第一次来健身，可能会对健身课程和种类不是很了解，我们教练应当给顾客做详细介绍。其实所有的运动包括三大项，第一种叫有氧运动，第二种叫无氧运动，第三种就是拉伸。有氧运动包括跑步、跳操、游泳等，其最主要的作用是提高心肺功能。例如，你经常去跑步，你就会发现你的精神状态，比之前好很多，会出很多汗，甚至会掉几斤肉，感觉你整个人都会非常好。如果你主要是为了提高心肺功能、出出汗为主的话，那我建议你去跑跑步、跳跳操就可以了。

无氧运动包括哪些项目呢？有器械，例如弹力绳、哑铃、360的运动器械，以及私教区的多功能训练地垫等。无氧运动又称为抗阻力训练。它的最主要的作用是什么？它的作用是以提高你的肌肉质量为主。肌肉质量好了，就可以提高你的基础代谢。一般来说，肥胖的人，他的基础代谢都是低于标准的，都超出了他身体的正常范围。我们发现，一些经常跑步的人，他的肚子很松，胳膊也很松，背上的肉也很松弛，但是有一个地方很结实，那就是腿部小腿的肌肉。我想，这个结果不是你想要的，对不对？肌肉质量不是把你练得很壮，而是练得更纤细，更紧实。在这里，我们应当为顾客解除顾虑。例如有的女生，担心自己的肌肉会练得很壮，我们可以给她解释：你的肌肉提高不是壮，是让你的手更精致更紧实，线条更明显，看上去会更有弹性，你的肌肤也会更有弹性，曲线也会更好，所以你放心。你有没有发现你身边的朋友，有些人体重一样，身高一样，但是身材不一样？她们有的很臃肿，有的很精致且非常挺拔，为什么？因为那个身材纤细、精致、挺拔，身材较好的朋友她的肌肉质量大于另外一个，所以她的肌肉线条会更好。因为脂肪与肌肉的比例是 1:3，肌肉更精致了，线条才会更好。肌肉质量高了，基础代谢才会更高，基础代谢高了，哪怕今天不运动，你也会消耗更多热量。因此，你会发现你的身边有很多朋友她们吃很多东西，怎么吃都不会胖，这是为什么？第一种是因为她的肠胃吸收特别不好；第二种就是因为她的基础代谢特别高，因为她消耗的热量很多。那她为什么消耗的热量很多呢？因为她的基础代谢好。有的人是先天的，但是我们完全可以通过后天去改善基础代谢。就如我们私人教练，我们每天也会吃很多东西，但是为什么不胖呢？那是因为我们的肌肉质量比较好，基础代谢维持得也特别好，每天消耗的都大于摄入的。为什么有些人跑步坚持了很长时间，突然间停下来就会反弹呢？那是因为他们基础代谢没有提高，新陈代谢提高了；因为他状态好了，吸收会更好；吸收好了，消耗不了，所以他就胖了。这个时候我们要不断给顾客强化抗阻力训练的好处，而教练带顾客训练几乎也都是以抗阻力训练为主。所以，我们要不断地塑造产品价值，这是很关键的。

另外，教练在为顾客讲解的时候可不断地运用对比、比喻等修辞，因为打比方是最能够说服人的，给顾客讲专业的东西，顾客有可能会听不懂的。所以，我们要给顾客讲他最容易听懂的，最容易理解的。比如肌肉质量，就跟牛肉和猪肉同样是瘦肉，但是它们的形体完全不一样。我们要跟顾客做很多比喻，然后说服他，潜移默化地影响他，让顾客逐渐接受我们的观念。因此，我们作为教练应当具备一种能力，就是把复杂的问题用通俗易懂的话向顾客讲出来，让顾客接受我们的观点。

4.拉伸

除了上面讲的有氧、无氧运动之外,还有一个项目就是拉伸。拉伸是什么?顾客今天练了什么肌肉群,就一定要做拉伸的。拉伸有什么作用呢? 拉伸就是要增加顾客肌肉的灵活度。如果不做拉伸的话,顾客整个身体就会很笨拙。你到健身会所就会看到,有很多顾客练了以后,他的整个肌肉就会变得僵硬,走路都会不灵活。因为什么? 因为缺乏拉伸。拉伸会增加关节肌肉的灵活度,提高身体的灵敏性。在健身房拉伸运动都包括哪些项目呢? 主要包括瑜伽、被动拉伸。所谓被动拉伸,形象地说就是如果你今天运动的是腿部,那就给你拉伸腿部;如果你今天活动的是手臂,那我们教练就会针对手臂肌肉进行拉伸。拉伸最主要的作用是增加肌肉关节的灵活度、柔韧性和线条感。

(二)以专家姿态、顾问方式帮助顾客,关注顾客身体风险

通过对以上项目的讲解,顾客就能对运动项目有些大致的了解。每个运动项目作用是什么,顾客都会有一些认识。我们先给顾客介绍健身的运动项目有哪些,然后接下来再告诉他每一次该训练的步骤。比如我们对顾客测试之后,发现他有肩关节活动幅度受限的症状,这时我们要为顾客做康复训练。康复训练完了以后,才可以做抗阻力训练;抗阻力训练完了之后,再做有氧、拉伸,这是针对顾客身体存在症状需要进行康复训练的健身流程。在这个时候,我要重点提醒一下私人教练,有的时候教练容易犯一个错误,那就是觉得自己是万能的,顾客的一切问题在他这儿都能解决,在运动康复上遇到的有些问题顾客也是不了解的,这种想法和意识是非常不正确的。因此,为了避免发生一些不必要的麻烦,我们应当这样做,通过评估之后一定要提示顾客,"在减脂之前,我们必须要为你做一些康复性的训练,之后你才能减脂"。有些教练出于业绩考虑急于成交顾客,就会忽略了顾客本身身体隐蔽性较强的风险,建议教练如果发现顾客需要立即进行一些康复性的训练,一定要将顾客交给康复教练,并明确地提示顾客他的身体哪些方面有问题。因为顾客对运动项目不了解,你一定要给他一个最好的建议,让他必须先做一些康复性训练,其次才可以进行正常的训练,例如增肌的强度性训练是要特别注意向顾客提

示的。这样可以帮助教练规避掉一些有可能面临的潜在风险。假如顾客的腰椎间盘突出，但是顾客可能自己也不知道，他只知道自己的腰平时有些不舒服，可是他的腰已经有一个突出的症状了，只是还没有病理性的症状显现出来，你不知道这种情况，然后碰巧你带这个顾客去进行平板支撑训练，他的动作不标准，可能会导致他的腰直接压迫神经，顾客的症状可能会比以前更严重、更厉害，甚至躺在垫子上起不来了。这种情况下，教练也需要承担法律责任的，因为你是这个顾客的专职私人教练。这个顾客在你的课程过程中出现的问题，你作为教练一定要负责的。所以在这里提醒教练，一定要给顾客做完整的体测和评估，接下来才可以给顾客做出最合理的健身计划。

我们一定要记住，我们不是要卖自己想卖的东西，而是要给顾客选择最适合他的"东西"，这是最关键的。不是说我作为教练希望卖给他 50 节课、100 节课就是我们的目标，满足顾客实现他的健身需求、身体健康才是我们私人教练的目标。那种"我就希望卖给他课，就希望他买我私教课程"的想法是不现实的。我在前面已经讲过，为什么要了解顾客的背后信息、他的需求，在前面的流程步骤中有成分测试、体能测试、体位评估，我们必须要走这样的步骤，原因就是我们要了解顾客的生活、他的身体状况、他的需求以及他的整个身体状态，然后通过这一切的数据找到最适合他的健身方法。我们是以专家的姿态、顾问的方式告诉顾客，他应当选择一个什么样的健身套餐，来满足他解决现在身体面临的问题，接下来再帮他做一个更好的选择，这是我们教练要做的。我再次强调一下，我们不是卖你想卖的，而是要推荐给顾客最适合他的健身计划，这是作为一个专业教练要做的最基本的事情。

接下来我们再回到当初的话题，你已经告诉顾客健身房有哪些运动项目了，就相当于一个病人来到医院之后，你作为医生通过体检已经掌握了这个病人的具体情况。这时，你会告诉他有关治疗他的疾病的药品情况，有进口的，有国产的，有价位高的，有价位低的，他们的功效情况如何，等等。然后，医生告诉病人每次要先吃什么药，再吃什么药，这就是医疗流程。就相当于我们健身过程中要告诉给顾客，要先热身，再做康复，再做抗阻力训练，再做有氧，再做拉伸，这是顾客每一次要做的运动项目的顺序。

（三）按顾客计划流程训练，明确告知健身效果

我们在第三个步骤要告诉顾客，通过多久的训练，顾客才能得到他想要的健身结果，或者说得到一个健康的结果，满足他的需求。我们要用纸写下来，清楚地告诉顾客，在两个月的时间里，他会对健身知识有一个初步的了解；由于他在前面已经有了一个月的健身积累了，在第三个月的时间里他就能明显地看到自己的运动效果；然后再经过12周的训练，强化顾客的肌肉质量，防止反弹，总共需要七个月的时间。对于顾客达到的效果，我们会定期用仪器进行检查，就像医生用医疗器械检查患者的治疗情况一样。同时，我们要告知顾客在达到自己的健身目标后，按照我们教给他的训练方法需要保持下去才能不反弹，才能巩固健身成果。

（四）先成交自己，然后才能成交别人

1. 报价很关键

如前所述，教练一定要对顾客做一些了解，这太重要了。对顾客的工作情况、消费能力、资金状况力、他在健身方面的投入、他对身体的关注度、他对自己健身的欲望度等等，我们一定要了解，这是非常关键的。同样，向顾客报价也是很关键的一个环节。如果报价不合适，会吓跑顾客。这个顾客原本每个月三四千块的工资，还要支付日常的生活开支，但他非常喜欢健身，想要办一张健身卡，你报出请教练的总共费用需要32400元，他用多长时间才能存到32400元？作为私人教练，我们要对自己有一个底线，成交不了32400元，我也要把基础期的课程卖给顾客。因为大多数顾客起码需要一套最适合自己的健身方案吧，我们给自己设定的目标就是顾客再怎么样，至少也得要买我们一个阶段的课程，顾客从来没有做过健身，那他更需要花学费学习了。顾客是一定要请教练的，而且是当下要请，现在就请，而不是一个月以后，也不是下一周，这就是我们给自己的一个底线，每次谈业务的底线。所以，在基础期的时候，我们要埋下伏笔，强调基础期的重要性。我们通过对顾客工作性质的了解，例如通过综合判断，我们了解到顾客接受一个4000元左右的健身计划是没有问题的，如果开一个7200元计划的话，顾客一般也

是会接受的，这个价格虽然稍稍超出了一点他的心理预期，但只要私人教练把课程价值塑造得足够好，我相信顾客是能够接受的。

2. 报价二选一

报价的另一个关键就是二选一。假如我们现在给他的报价是 32400 元，这个时候顾客有要与不要这两种选择，我们可以这样问顾客："你是先买一个阶段呢，还是买整个全套健身计划方案？"我不会一下子就给顾客报出 32400 元的价格，这个价格顾客大多不会一下子就接受。

（1）报价要采用"二选一"的方法。 这时候我们要自我暗示，只有先成交自己，才能成交别人；每个顾客一定得要私人教练，只是说花多少钱而已。所以这个时候报价要这样说："陈小姐，你是先选择基础期的课程看一下运动效果，然后再把后面的计划续上，还是现在就把整个计划一起做？"顾客会问："我这个课程一起买和先买基础期一个阶段的课程有什么区别？"到这时，我们就会进入下面的成交环节了。这就不是停在前面报出 32400 元等顾客决定要还是不要的问题了。如果一直停留纠结在要将整体计划出售给顾客，再花费时间为他解释私人教练价值的话，那我们又回到了当初的第一个步骤了。现在我们直接把顾客带到是选择第一阶段还是三个阶段一起选择的成交环节了，所以这时我们对顾客的判断是很关键的，要根据他的消费能力，报给他最适合他的价格。

还有一种报价方法，就是一周的三次一对一，或者一周的两次一对一，这都是报价的技巧。一对一三次的费用是这么多，每周两次是这么多，但是计划整体不变，这种成交方法就是给顾客一种占便宜的感觉。顾客真的占到便宜了吗？其实没有，顾客听到以后会很舒服。我们可以对顾客说，"我给你个建议，我给你做个更适合你的方案，可以给你省一部分钱，每周三次总计算起来 7 个月的时间费用是 32400 元；那我还有一种建议给你，就是每周我一对一地带你练两次，另外一次我会给你作辅导，我会把计划做好告诉你怎么练，然后带你训练，由于你已经学会了一些科学健身的基本方法，所以我一告诉你怎么练，你基本上就会了。我计划不变，一周三次，两次一对一，一次作辅导，这样每周你就会省一次一对一的钱，对不对？总共下来，7个月的时间每个月相当于8次，全部下来是68次，每节课300元，总共花费是20400元。"

每周三次一对一，7个月花费32400元；每周两次一对一7个月花费是20400元，这个结果是不变的，运动效果是不变的，这些都是报价技巧。记住，顾客在健身方面能够承受的资金大概是多少，我们应当在前面的环节就做出判断。

（2）一定向顾客推荐合适的产品。 综上说明，我们掌握卖课程的技巧是很重要的，首先一定要推荐给顾客合适的产品，此外还需要了解顾客的消费能力，以及耐心细致地做一些必要的工作。

第一，最基本的是顾客得有消费能力。如果顾客没有消费能力，你给他讲再多也没有用。我们要找到顾客最能够接受的价格，他的心里大概能够接受多少钱，你得有一个明确的判断。我相信很多教练在成交时会遇到一个问题，就是谈完以后成交了，你会想，"这个顾客的成交价格其实我可以谈得更多一点"，感觉谈少了，这是成交以后很多教练的心态；不成交呢，就会想"当时如果报价低一点说不定他就会买了，可能当时我报价太高啦，顾客被吓跑了"。为什么会有这两种结果？就是因为你在谈判的过程中间，对这个顾客不了解，对他的资金状况不了解，或者说你没有判断，对他的信息了解不对称，所以最终导致不好成交。

第二，以成交为主，为向顾客出售长期健身计划做好铺垫。举例来说，我们有很多的顾客在健身初期可能就买了12节课、15节课，然后断断续续又在你这里买了89节课、100节课。但是，如果前面一开始我们就和他讲需要100节课，最后是什么结果呢？就是你的成交量减少了，因为100节课不是所有顾客都能接受的。所以，我们首先以成交为主。明确一点，就是顾客可能要减脂，你只能在这一个环节中铺垫一个环节就是，告诉顾客他的身体需要上康复课程，他的身体需要上拉伸课程，你在这个阶段埋下伏笔就可以了。如果你在这个时候不谈，后面的环节再谈的话，顾客就会疑问，"你刚才没有和我说这些呀"，他心里就会有落差，因为他原先认为买了你的课之后所有的问题就都解决了，现在怎么还要再买康复课、拉伸课呢？因此，这个环节是铺垫环节。不过，如果你通过上面的环节了解到这个顾客，他的资金能力很强，能够承担课程的费用，他也会接受你的课程的。如果他开始的时候也是有需求的，那么这个时候谈续课就一点问题也没有。

第三，做好训练阶段的数据化细分工作，为以后顾客的续课做好准备。与顾客谈续课很简单，细分下来，每个阶段有多少课程，每个阶段怎么上课怎么做，在每个阶段他可以得到哪些效果。在这个时候，你一定要给顾客明确下来，他每个月身体会改变多少，会瘦多少，肌肉量会增加多少，脂肪会减少多少，这些内容在这个环节一定要细分下来。要告诉顾客通过这个计划他可以得到什么效果，所有的效果表达都要数据化。前面基础期三个月，他减脂多少，他的肌肉会增加多少，他的代谢会增加多少，他的身体大概是什么样的反应，他在第二阶段身体会得到什么样的反应，他在第三个阶段、第四个阶段或是第几个月身体会是怎么样的改变。通过这样的细分，才能为实现顾客续课做好铺垫。

核心关键要点总结1：以成交为主，为顾客制订体验式健身计划

在上面我讲了为顾客制订健身计划的方法之后，有个核心关键点需要引起我们的高度注意，那就是我们为顾客制订多久的健身计划才合适。在这个步骤中，为顾客制订的健身计划的期限长短是很关键的，但要关注为顾客做健身计划时的细节内容。如果我们为顾客做的计划太长，就会增加顾客的健身费用，由于顾客本身对我们了解的还不够，或者顾客用于健身的资金预算没有那么高等客观存在的因素，就有可能吓跑顾客。所以，我建议教练为顾客制订健身计划时，以成交顾客先让顾客体验为主的营销方式最为妥当，戒除好高骛远、一下子为顾客卖出很长时间课程的做法。当下的私人教练课程营销是体验式营销，刚开始的时候，我们尽量为顾客做一些短期的体验式的课程。至于健身计划，我们可以告诉顾客时间会长一些。最重要的是，我们为顾客制订健身计划时间的长短，要在我们已经掌握的顾客具体情况的基础上进行。我们要通盘考虑顾客的健身目的、健身欲望、资金实力、用来健身的时间情况等因素，在这个基础上为顾客制订的健身计划才是量身定做、最

适合他的健身计划。

核心关键要点总结2：向顾客介绍健身项目和器械，引导其树立正确的健身观念

在为顾客制订体验式健身计划之后，还有几个关键点需要注意：第一，我们在给顾客开"处方"之前，要适当地给顾客讲得更细一点，为顾客讲清楚健身房里面所有的健身效果，这些健身项目各自都能为顾客带来哪些效果。就是说，先给顾客一个概念，即每次运动对身体有什么样的健身效果，哪些运动有什么样的健身效果。例如，跑步有什么样的效果；跳操有什么样的功能；抗阻力训练时练器械会有什么样的效果；等等。第二，引导顾客树立正确的健身观念。把我们会所所有的健身项目能为顾客带来的健身结果详细地向顾客讲解。这其实在影响顾客的健身观念，逐步改变顾客原有的不科学的健身观念。例如我之前讲的那样，有些顾客以为跑步是最佳的健身瘦身方法的观念误区。因此，我们首先向顾客讲清楚，将健身项目的利与弊，哪些项目是适合他的，哪些项目是不适合他的。在这个过程中，还要为顾客举例子，哪位顾客练了什么项目后带来了怎样的好效果，这些都要为顾客讲清楚。在讲例子的时候，可以具体一些。例如我们把资源库中的顾客见证向顾客展示，某某先生到我们会所减脂，他原先以为跑跑步就可以了，没想到跑了两个月以后没有产生任何减脂效果，反而导致膝关节受伤。后来这位顾客按照我们为他制订的健身计划进行训练，经过一段时间的训练，他得到了他想要的效果等实例，这样才会有好的效果。我们在这个环节的目的，就是打破顾客固有的不正确的健身观念，引导顾客树立正确的健身观念，加深顾客对健身知识的了解；同时规避顾客在后面的流程环节中，以跑跑步就可以瘦下来作为抗拒成交的借口。总之，引导顾客树立正确的健身观念是非常重要的，这不仅关系到我们能不能成交顾客，更关系到顾客能不能得到他想要的健身效果。

七、第七步：提出要求

这个步骤的主要内容就是要求顾客必须选择私人教练制订健身计划，这是我们的目的。每个顾客，到健身会所、工作室来，都是有需求的，有需求就有可能需要私人教练；每个到你的会所的，每个到你的工作室的，可以说基本上每个人都需要健身，在健身的时候就需要私人教练的指导。那我们怎样做才能让顾客意识到私人健身教练的价值？

（一）扩大顾客的痛点到最大化

前面的步骤我们都帮助顾客走完了，也已经为顾客开了健身"处方"，在这个步骤干啥呢？还是以上面医生为患者治病为例，一个感冒症状很严重的病人去看医生，医生给患者开一个处方出来，患者会选择不吃吗？不会。但是，私人教练不是医生，当我们为顾客把"处方"开出来以后，顾客他是有选择的，因为很多人通常只关注解决大问题不关注解决小问题，他觉得他的问题可能还不够大。这也就是说，你在刺激他的需求点的时候没有把这个需求点最大化，所以给他的痛点还不够，他就像感冒病人一样感觉不用吃药，熬几天就好了，没有什么大碍，但是以后感觉病情加重了之后，他必然会找医生治疗。因此，在体测环节的时候一定要找痛点，找到他的痛点的时候，一定要深挖，然后接下来就做治疗的事情。

（二）我们的要求与顾客的选择

在我们向顾客提出要求的时候，顾客心里有没有对我们的抗拒？顾客肯定会有抗拒的。作为顾客，他可能会对我们产生这样的抗拒，比如"私教课程太贵了""我跟家人商量一下""想自己训练一段时间看效果""下次再说"等抗拒理由。总之，这个时候顾客会出现很多借口，我们在这个环节就要针对顾客的要求进行逐一的解答。解答也是需要技巧的，要结合顾客的实际情况，找出他拒绝的原因，对症下药。关于这一点，我在后面的章节会进行详细的解答。

八、第八步：解除顾客的抗拒

在上面的步骤中我讲了在对顾客提出要求的时候，顾客肯定会找出各种理由进行抗拒。顾客在这个时候会有一个考虑期和拒绝期。如果我们向顾客介绍了课程计划之后，顾客马上就说，"我马上买"，说实话，这样的情况基本很少。即使他很想买私教课，他也会说"太贵了，能便宜一点吗？你要便宜一点我就买了"，这是顾客通常惯用的拒绝理由。对于这些抗拒的理由，我们要根据不同的情况采用不同的方式方法进行处理。下面，我与大家分享一些如何解除顾客的抗拒以及应该注意的问题。

（一）解除顾客的抗拒

1. 要走对成交流程

如何解除顾客抗拒的问题，首先要走对成交流程。这如同谈恋爱，要循序渐进，要有一定的流程，要先认识，后深入了解，不可急功近利。其次要用真诚的心。你爱一个人，你就会用发自内心的行动去感动他，去要求他，因为你坚信一个事情，你一定会让对方得到幸福的。然后对方最终被你感动了。在我们谈业务的时候也一样，要用真诚的心打动顾客。当然，现实中也存在哪怕这个顾客心里面接受你了，可能他心里面还要有些抵触，他要干吗？好多顾客还要考验一下负责他的私人教练是不是急功近利的人，是不是只是为了赚钱的人，哪怕是你给他做了一整套的计划他很认可，但他还是提出很多问题想了解教练，这样的情况太多了。现在的消费都是理性的消费，你要用你谈恋爱的那种方式去"爱"这个顾客，去成交他，那就没有什么成交不了的，为什么？因为你真心为他（她）好。所以，我们前面的流程走对了，后面的成交就是自然而然的事情了，只不过在这个过程中会遇到很多困扰，所以这个是第八步骤——解除顾客抗拒。

2. 顾客抗拒的理由都是骗你的

解除顾客抗拒的时候我们要记住几个关键：当这个顾客还没有说出他抗

拒理由的时候，我们要把一些以前遇到过的抗拒点提前解除。例如顾客经常说"我考虑考虑""我自己先练一段时间，我先在网上学习，回去以后跟家人商量一下""太贵了，考虑考虑，回去跟家人商量商量，我自己先练练，看看有没有效果，没有效果再来找你"，所以这个时候我们要事先做好埋伏解决掉抗拒点。有的时候顾客也可能说，"教练，你说得很对，我也认可，你都对，但我想回去考虑考虑""我不想今天做决定"等借口，这时教练一定要用白纸黑字记下来，对于特别的重点要用彩色笔做出标记。对于顾客说出的借口，我们可以问顾客，"张总，影响你做出决定的最主要的原因是什么？"我们一定得要问清楚，这主要是要了解顾客的真实想法，这样才能解除顾客的抗拒点。我们还要再次问顾客，"张总，影响你做出购买决定的还有哪些原因呢？"这时，顾客就会开始说实话了，"哎呀，价格太贵了，我怕坚持不了，回去跟家人商量商量，我想自己先练一段时间，看一下有没有效果，没有效果的话我再来找你"。这时，其实顾客只有两个核心问题。

3.解决好顾客顾虑的两个核心问题

顾客的顾虑离不开两个核心，一个是钱，另一个是效果。如果顾客的需求是解决脂肪肝的问题，我们可以对顾客这样介绍，"这是我们给你做的健身计划，总共下来是多长时间，每周三次，多少时间，你可以得到什么样的效果，多久时间你就会怎样，第一阶段你会得到什么样的效果，第二阶段你又会得到什么样的效果，第三阶段你将会得到什么样的效果，整体下来你会得到什么样的效果，你的身体会得到什么好处，你的需求会得到哪方面的满足，你可以选择最适合你的方式由私人教练指导你训练，你会学会所有的健身知识；你的身体内脏指数下降到标准范围，你的内脏脂肪肝完全可以去掉，你的腰肌劳损完全可以康复；你的精力会更充沛；你中午肯定是没有困意的，因为此时你的身体状态非常的好；你的腹部会很平坦；你的脂肪百分比能够达到标准，降到百分之十六，你的脂肪量由原来的23千克会下降到10千克；你会养成一个良好的健身习惯；最关键的是你的脂肪肝会立刻消失。以上是通过健身你可以实现的效果，你现在选择第一个阶段的基础期呢，还是三个阶段一起选择？"（注意：我们要向顾客介绍清楚，通过选择不同阶段的健身计划课程，顾客可以在相应阶段获得的所有效果和好处）此时，顾客可能会说："计划很好，我回去考虑一下，我不想今天做决定。"一般来讲，这时的私人教练会告诉顾客总共下来会有多少钱等等，"这个计划总计下来会有多少钱，第一个阶段会达到什么效果，总共费用是7200元，第二个和第三个阶段都完成以后总计费用31800元"。他肯定会说："哇！这么贵！"教练说："你体检发现了脂肪肝，如果说贵的话这得看和什么比较，让你身体更健康了，这是没法和任何比较的，让你的身体变得更健康了，你的状态变得更好了，你的工作效率更高了，你每天更有激情了，你的脂肪肝立刻消失了，你觉得会值多少钱？我相信是无价的。"这样我们就把顾客引导至核心的环节。如果顾客还在犹豫，我们应接着说："我做健身教练这一行业八年多的时间，接触的顾客他就考虑两个问题，一个是钱的问题，另一个是效果问题。至于效果，在我们教练的帮助下，你一定会得到的。然后是钱的问题，我相信如果是免费，你一定会选择，说实话，如果我们帮你得到这样的效果后，你愿意花多少钱呢？"这时，如果顾客还有其他的顾虑，我们继续抓住顾客顾虑的核心点，逐一排除，最后引导其至成交环节。

4. 继续深挖顾客的"痛点"，套出真相

面对顾客的拒绝借口，我们要继续挖掘顾客的"痛点"需求，以顾客张总患有脂肪肝为例，我们按照顾客的"痛点"深挖下去，"张总，你现在是中度的脂肪肝，俗话说久病成医，关于这一点张总你肯定了解的比我多，你现在是中度脂肪肝，如果任其发展下去就会是重度脂肪肝、肝硬化，这些你都是很明白的。关于脂肪肝，医生可能已经告诉你了，目前没有任何药物可以治疗，只有运动，科学运动，合理膳食才能解决你的脂肪肝，我相信只要我们给你解决了脂肪肝，你的身体是不是更健康了？因为对男人来说，肝是非常重要的，肝是用来排毒的，如果肝不好，你的身体就会不好，你的身体不好就会影响到你的家庭、工作和事业。只要你有一个健康的身体，钱是可以赚回来的。你的身体健康是无价的，你现在付出这些钱是暂时的，是一次

性付出这些，不是永久付出这么多，只不过是集中性的一个时间段付出这些钱，何况这是花在自己身上让身体更健康的钱，身体的价格是无法衡量的，我们无法计算我们的身体值多少钱，所以说最关键的是效果。如果我给你做的这套健身计划让你得不到你想要的效果，你今天不要说是花31800元，就是3180元都是浪费的，都是不值得的。我们在大街上看到的1000块钱减20斤的广告，你相信吗？你敢去吗？肯定不敢，你也不会拿自己的身体健康做底价去吃减脂药，唯一让身体健康的方式就是科学运动，这你认可吧。由于你对我不是很了解，我可以先给你做一个基础性的健身计划，你先观察一下你的运动效果，在你看到运动效果之后，我相信你会觉得很值，最重要的是你花了钱得到了你想要的效果。如果我说是免费的并且让你的身体完全健康，你肯定会要的。"现在，我们把顾客拒绝的真相就引导出来了，这就好解决了。干私人教练这一行就怕顾客不和我们谈钱，会与顾客沟通的教练都会一步一步地让顾客说出自己的意思，并对我们的引导做出肯定的答复，此时就容易成交了。

5. 采用封闭式的成交环节探测出顾客的心理价位

成交的环节一定要用封闭式的，我们可以这样试探出顾客心理的价位，"在这个健身计划上面，你愿意花多少钱得到这个效果？"顾客如果说，"三四千块我可以接受，但是七千多太贵了"。我们教练这时就明白了顾客的真相，顾客的心中也就能承受四千多块钱的费用，七千多元是贵了，如果为顾客做一个四千左右的计划并且达到同样的效果就会更容易成交了。这时你可以这样对顾客说，"假如这个课程四千多一点，能达到同样的效果你能接受，对吗？如果比四千更贵一些呢？"大家注意，现在我已经直接把顾客引导到价格的成交环节了。

6. 关键时候引出领导

人们在消费时普遍的心理是想支付很少的钱得到更多的商品或服务，我们私教在谈业务时也会经常遇到这样的情况。这时我们应当在关键的时候引出领导。例如，"张总，你只想掏4000多块钱，又要享受7200元的计划，我是没法做这样的计划的,那我让我们领导来帮你做计划。"在这个关键时候要及时把领导引出来,运用谈判技巧和高层策略,把高层引导进入谈判过程,说明这件事情很重要,凡是重要的事情大家都会认真对待。只要我们私人教练认真对待了,顾客也会认真对待,如果再把领导叫来,说明这件事情越来越认真,在越来越认真的时候,成交就会变得更容易了。

7. 搞清楚顾客顾虑的原因细节

（1）问出顾客抗拒的核心细节

我们在谈业务的时候并不是所有的顾客都很容易沟通,还有许多难以沟通的顾客。有的顾客说:"我考虑考虑。"面对这种情况,教练应当明确顾客顾虑的真正原因,要清楚顾客考虑的是价格、效果,还是坚持不了等等。因此,我们只有明确顾客考虑的原因具体的细节是什么,才能在此基础上深入顾客的内心世界,找出解除顾客顾虑的方法。

（2）问出顾客需求的核心细节

在成交顾客的时候,只有我们对顾客的需求了解得越详细,我们的定位才会越精准。通过一步一步地沟通,我们可以逐步了解顾客的需求细节,了解这个顾客选择教练的标准是什么,背后抗拒我们的细节原因是什么。例如,通过沟通我们发现他原来是喜欢女教练,或者喜欢让男教练陪他训练;可能他对当下的教练不满意,希望带他的教练形象要非常帅;教练的身材要好;教练的沟通表达能力要顺畅,而且还要有幽默感,同时还要非常专业;等等。根据顾客选择教练的要求,我们可以发现这个顾客抗拒的原因主要是不认可教练。既然不认可这个教练肯定是有原因的,这些原因不外乎教练的形象不好、专业不够精湛。

另外还有一种抗拒的原因,就是他怕坚持不下来。坚持不下来的原因无外乎担心运动强度太大,或者担心自己的惰性太强,或者担心自己的公司事务太多等,这些原因都是我们需要了解的顾客抗拒的背后细节。我们问出的细节越多,解决抗阻问题就会变得越容易,那么我们的私教课程销售定位也就会越来越精准。例如,如果顾客表示要和家人商量的话,我们教练心里要清楚顾客还是在拒绝,你可以对顾客表明其家人对健身私人教练不了解。

你向顾客明确指出，"你的家人是会支持的，那些容易导致身体最后癌变的因素通过健身你都消除了，参与健身训练你的身体会更好，家人肯定非常高兴的。我想知道由你自己能够做出决定的资金有多少？因为你把家人的因素告诉我们了，我们感到有太多的问题需要解决，所以我们先弄清楚你能掌控多少资金。"

（二）解决顾客抗拒应注意的几个关键点

1. 顾客拒绝的理由就是应当购买的原因

解决顾客抗拒的时候有几个关键点，记住顾客拒绝的理由不是他不想购买的原因。例如顾客说他没时间，每周只能来一次，因此找教练没有必要。我马上会说："张总，就因为你一周只能来一次说明你很忙、工作节奏很快，事业很成功，所以你才需要请私人教练。既然一周只能来一次，那么这一次就应该有价值。由于你很忙，我觉得你的每一分每一秒的时间都要实现价值最大化，这正是你请私人教练的原因。"还有，如果顾客表示每周都有时间，只想过来练练试试，看看结果，这时你应当这样说："张总，你每周都有时间过来所以才需要请私人教练啊，因为你现在有时间而今后无法判断有没有时间，所以你现在可以静下心来完完全全投入自己身体健康的打造上面。最近你可以随时来我们这儿，我会给你介绍最适合你的正确的健身方法，你会以最快的时间得到你想要的结果；如果现在你每天都有时间过来但是你用的方法不对，在做健身运动时你更容易受伤，为什么呢？是因为你每天都在练，在错误的道路上坚持肯定就是错误的结果，而且最关键的是你的速度越快伤得就会越厉害。方法是很关键的，如果你的方法不正确，可能就会导致你的身体受到伤害，你很难得到想要的减脂效果。如果你一周只能来一次的话，我觉得你请不请教练都无所谓。"我们这样与顾客沟通，就会对顾客有很好的劝说效果，有利于向成交方向发展。

2. 找出顾客犹豫的关键症结

如果顾客属于犹豫不决型的，我们可以这样说："张总，你在三四年前就曾经想过自己一定要健身，并且注重自己的健康，但是为什么现在你的身材还是这样？为什么现在你得了脂肪肝？原因就是你没有找对教练引导你，让你养成科学健身的习惯。今天你既然来了，是不是想要为自己的身体健康做出一个强有力的果断决定？假如三年前你就决定开始请教练健身，那么你现在的身材就会非常好，精神状态也会比现在要好许多，你也不会得脂肪肝的，这是肯定的。你现在要做的决定对你来说是相当好的，做出决定之后，你的身材以及健康将会发生一个非常乐观的变化，至于脂肪肝，你练两个月后将会百分之百地消失。若脂肪肝不消失，我会把全额款项退给你。只要按照我给你设计的健身计划进行训练，就一定会得到你想要的效果。但是，你若今天犹豫不决还是做不出果断的决定，那么你的身体过半年之后还会是老样子。在我们会所，和你一样的顾客太多了，假如自己随便练练就可以的话，我相信在我们健身房的所有顾客都是标准身材，然而为什么你进来以后看到的这些顾客的身材还是不标准的？这都是因为他们中的大多数人还没有找到适合自己的科学、有效的健身方法。"

经过我们的引导，顾客做出健身选择的决心和勇气就会大大被激发。我讲的这个方法，基本上是从顾客切身利益角度出发，找出顾客犹豫的关键症结，对症下药，有的放矢，让顾客放弃疑虑和抗拒，加速我们的成交过程。在下面的章节我将专门去讲如何解决顾客拒绝的常见理由，顾客存在的常见问题，在后面的章节我会一一地详细讲解如何解决顾客的每一个抗拒点。

九、第九步：成交或跟进

我们把顾客抗拒的问题都解决了，接下来就是成交了。一般来说，50%以上的顾客需要我们五次、六次、七次或更多次要求才可能会购买。在后面的章节我会讲到顾客的心理流程，如果顾客心里没有这个流程，一点欲望也没有，你说得再好也没用，因为他没有这个需求。所以，我们要按照顾客的心理与最适合的应对方式，做出合理的选择，要么成交要么继续跟进。对于所有的顾客来说，能力再强的成交高手也不能保证百分之百地成交顾客。而成交的顾客中，有一部分是跟进成交的，有一部分是当天成交的，所以在这一步骤有两种结果，要么成交要么跟进。

十、第十步：要求转介绍

当你成交顾客以后，你可以要求他为你做转介绍。为什么呢？是因为顾客在付款之前担心的是钱的问题，在付完款之后担心的是效果问题。在这个时候，作为私人教练，你是主导者，这个时候你提出要求，能够实现最佳效果。原因很简单，由于顾客最关心的是效果，教练可这样说，"张总，谢谢你对我的信任，接下来我们一起加油！如果按照我刚才给你说的这个计划，你想要的健身效果一定是会实现的，但是我希望你一定要配合我"。由于健身所需的款项都已经支付了，顾客肯定会配合你的。这时，你还可以继续说："到时候我帮你达到了你想要的效果之后，可不可以把你身边的朋友介绍给我？"他一定会说："好啊！"因为这个时候他很渴望得到效果，他也很希望你给他吃定心丸，给他承诺，所以这个时候你的要求通常他都会答应的。这时你一定要问："真的吗？"顾客会说："真的，到时候你给我减下来多少体重，我身边比我胖的很多，到时候我全部介绍给你，只要他们看到我的效果好，到时候肯定会过来找你。"顾客在这个时候通常都会这么说，基本上都会答应你的转介绍要求。

十一、第十一步：服务跟踪

严格地说，真正的服务就是从成交开始，服务跟踪至关重要。当我们从成交顾客后的一刹那开始，私人教练才开始了真正意义上的服务。我总结归纳了一下，服务跟踪应做到以下五点：①要及时了解顾客的抱怨；②及时解除顾客的抱怨；③要及时了解顾客的需求；④要及时满足顾客的需求；⑤超越顾客的期望。这5个方面是私人教练服务跟踪的标准流程，怎么才能了解顾客的抱怨呢？

　　一般而言，现在做过半年以上私教工作的教练，在他们的手中有几个男顾客、几个女顾客，各自的平均年龄、职业、收入、家庭等情况，多数教练都不是很清楚。如果你对这些数据不了解，就说明作为教练，你的服务跟踪不到位。因为你不了解顾客的需求，不了解顾客的基本信息，那么你做服务跟踪一定做不好。例如前面讲过的了解顾客的抱怨问题，大多数顾客如果心中有抱怨，一般都不会直接告诉你的，因为他担心告诉你之后，你会不高兴，也许在今后的训练中的服务会变差。他们一般会选择逃避、包容，内心决定只要自己以后不再来这家会所健身就可以了，或者就是以后自己随便练练，这就是我们教练手中顾客上课频率越来越低的原因。我们给顾客打电话问他们不来上课的原因时，顾客通常都会表示，最近很忙，没有时间。其实，他们对教练的服务跟踪感到失望，失去了健身的兴趣。例如，上课的时候顾客等很久约不到自己的教练；教练上训练课的时候玩手机；不认真指导顾客的训练等，这些事都是顾客抱怨的原因。还有一点，就是因为我们的服务跟踪不好，让顾客觉得健身这事不重要。你的服务跟踪不好，说明你作为健身教练不重视顾客的健身，由于你的不重视导致了顾客的不重视，顾客也就不再会把时间花在这项不重要的事情上了。当一个顾客以没有时间为借口不再来会所健身的时候，他已经觉得私教课程不重要了，他也就不来了。假如教练没有及时了解顾客的抱怨，顾客就很容易流失，这也是现在很多商业健身会所转介绍的顾客越来越少，老顾客流失率越来越高的原因。这说明我们的服务还跟不上，虽然几乎有60%的商业健身会所都在挖掘顾客的需求，但是都缺乏在售后不断地满足顾客的需求。在还没有成交顾客的时候我们说得都非常好，可是顾客真正进来以后，很多会所几乎都缺乏一套系统化的完整的服务系统，并缺乏一种能够留住顾客并让他不断重复消费、增加上课频率、提高其转介绍积极性等有关的成熟的服务机制。可以说，目前中国绝大多数健身房都存在这个问题。因此，我们要及时了解顾客的抱怨，及时化解抱怨，做好售后服务跟踪。那么，怎么才能有效了解顾客的抱怨呢？

（一）首先要及时地跟顾客沟通

对于我来说，自己的顾客在上课的时候，我都会与顾客聊："你最近身体怎么样？我哪方面可以做得更好？你完全可以给我建议。""最近工作怎么样？"等等，我会用心地了解并做好记录。我通常跟顾客讲："现在我带领的团队里面有个监督小组，负责自顾客来会所两周之后不定期的电话回访。回访的内容主要是顾客对自己的私人教练的满意程度、对训练的意见、教练是否能履行自己的承诺等。"用这种方式我就能及时发现顾客的抱怨。然后，再过一个月我会再让我团队里的检查小组中的两个教练对顾客进行电话回访，"你已经练了一个月了，出现频率怎么样？教练做的服务还到位吗？你每次约时间都能约的上吗？教练给你上课的质量如何？对我们的教练你有什么建议？"由于采取的是以健身会所客服的名义对顾客进行电话回访，顾客就能够敞开心扉说出自己对教练的服务意见和抱怨。用这种方法，我们可以充分发挥团队里每个教练的积极性和自律性，更能够及时有效地了解顾客的抱怨，彻底消除顾客对教练抱怨的隐蔽心态。

（二）进一步挖掘和满足顾客的需求

在此方面，我们健身会所还应启用后期服务系统，进一步挖掘和满足顾客的需求，重点在于满足顾客的需求，使顾客的需求在我们这里得到及时解决，然后定期地了解顾客的抱怨，及时解除顾客的抱怨。例如有些顾客的抱怨是每次约教练的时候，教练都特别忙；教练有时间的时候，顾客没有时间；顾客有时间的时候，教练没有时间。在得知这个情况后，我会为顾客调换教练，找一个符合他时间运作规律、与他性格相投的教练，如此一来，我们的教练资源就被激活了，顾客的抱怨也就解决了，出现在会所的频率也就高了。人都是这样，只要需求得到满足，他就愿意在这方面投入，只要我们能够让顾客实现他的健身需求，达到他心中的健身效果，他就会成为我们的忠实顾客，后期就会为我们做转介绍。当我们对顾客的需求了解越多的时候，就越容易与顾客建立信任关系。俗话说：物以类聚，人以群分。人都喜欢与自己有共同爱好、说话投机的人打交道。如果顾客很喜欢篮球运动，你就与他聊篮球运动的话题，顾客就会很喜欢你；如果一个女顾客非常喜欢看电影，你每天与她聊一些电影方面的素材，她也肯定会喜欢你的。假如一个私人教练是为了上课而上课的话，每天都要讲许多很专业的内容，时间久了顾客会产生枯燥情绪。顾客又不是教练，我们为什么要给他讲那么多专业的内容？只要解决问题就可以了。顾客在我们这儿是来购买解决问题的方案，而不是来买其他内容成分的；只要告诉顾客一些健身的基本知识、基本的要领、营养知识和方法就可以了，他也会很开心的。毕竟很多顾客白天工作就很累了，他还要过来听你像教授一样讲解一些专业理论知识，那顾客产生厌恶情绪也是不可避免的。

（三）要学会"收心"

除了上面介绍到的挖掘顾客的抱怨等信息，我们还要不断挖掘顾客的爱好、工作情况、家庭生活等信息，以便于为顾客进行多方面的匹配。这样做就会与顾客加深信任，前面说过世界上最宝贵的是人与人之间的信任，如果得到一个人的信任，他会把整个人都交给你。我们要学会"收心"，一个伟大的私人教练，不但是一个专业上的专家，更是一个心理学家。当你不断满足一个人的心理需求的时候，你就会与他建立牢固的信任关系。所以我们成交的顾客，获得的一切价值，都有一个共同的基础，就是我们与顾客相互信任。没有信任，任何的顾客成交都不会存在；顾客对我们的信任越强，我们的成交额度就会越大，越持久。就如同我们向朋友借钱，只要朋友信任你，他借给你多少钱都无所谓；但是，当大家没有信任感的时候，你哪怕借一百块钱，他也会找很多个理由拒绝；你就是拿出很多个借钱的理由，他也不会相信你。如果顾客相信我们，就不需要我们多说什么；反之，如果顾客不相信我们，就算我们说再多也没有任何的效果。此外，还要在后期不断满足顾客的需求，这就是我的老师乔·吉拉德传授给我的重要内容。随着我工作阅历的不断增多，我越来越体会到不断满足顾客需求、不断挖掘和满足顾客心灵需求的重要性。在前面我曾讲到我的老师乔·吉拉德对我的影响，他是全世界伟大的推销员之一、世界上著名的雪佛兰汽车推销员，他有句非常动人的话，"你只要买我的汽车，我会终身用生命都为你服务"。顾客被这句诺言所感动，所以很多人都纷纷上门买他的汽车。之所以出现这样的热销局面，不外乎是得到了顾客的信任，许多顾客从他那儿买了车以后都得到了他用生命为顾客服务的感觉。就拿我们私人教练来说，只要是转介绍过来的，基本上不需要我们说什么就成交了。为什么，因为信任感已经在老顾客这儿建立起来了，这个被转介绍的顾客在他的朋友那儿就已经完全信任你了，到会所来直接进行价格谈判就可以了，这种被转嫁的信任为我们减少了很多的沟通时间。当我们在没有得到顾客的信任之前，需要花费很大的精力去建立信任关系，所以我们在成交的那一瞬间才是服务的开始。

我在私教工作中，经常通过聊天灵活地满足不同顾客的需求，进一步加深顾客的信任，激活顾客冷冻或者隐蔽的需求。我们的主要目的还是引导顾客按照正确的方法健身，使顾客得到他想要的结果和成效，同时还要满足顾客最深层次的心灵需求，这也是很关键的，以聊天的方式沟通只是一种手段而已。

（四）要超越顾客的期望

除了取得顾客的信任之外，我们还要超越顾客的需求，也就是要超越顾客的期望。在这方面我们会所有许多非常成功的案例。

现在就拿我们会所业绩突出的 Richard 教练的典型案例与大家分享。Richard 是一个 34 岁的优秀私人教练，他是两个孩子的父亲。在会所，Richard 有一个减脂的女私教顾客，她在别的教练那儿得到的健身经验就是上课、拉伸，或者得到一些饮食计划及一些建议，每次她都是按照这个流程上完课就结束了。如今在 Richard 那儿，Richard 超越了她的期望值。一天，Richard 在与她沟通聊天的过程中，了解了她的生活和孩子。这个女顾客非常注重她的孩子，聊天的时候都会对有关她孩子的话题特别感兴趣。Richard 找到了她的语言开关，了解到这个女顾客是贤妻良母式的家庭型顾客，对于她来说，她 70% 的精力都花在儿子身上。正好，Richard 是两个孩子的父亲，有着丰富的教育孩子的经验，于是他抓住了这位女顾客喜欢孩子的特点，和她聊如何为孩子做饭最有营养、什么时候该打哪个防疫针了、孩子学些什么特长对孩子的发展最好等等，凡是关于孩子的话题，Richard 和她无话不谈。令这位女顾客感动的是，她的儿子喜欢学钢琴，但是她苦于找不到合适的钢琴老师和学习场所。Richard 在和她聊天的过程中了解到了这个情况后，联系了自己一位从事钢琴教学并且很有名气的熟人，以每小时只收 30% 的超优惠价格辅导这位女顾客的儿子和 Richard 的孩子学习钢琴，从此这位女顾客的孩子有了由名家辅导接受正规的钢琴学习的好机会。她被 Richard 的真诚深深感动了，成为 Richard 的铁杆粉丝。

（五）要满足顾客的需求就要懂得心理学

综上不难看出，我们要把私人教练工作做好仅仅是满足顾客的需求是不足的，如果想要得到顾客的信任，我们还应当满足顾客的超值期望、超值需求，这样才容易增加顾客对我们的黏性。满足顾客的需求是我们分内的职责，这是大家都知道的道理，但如果我们做的事情超越了别人的需求，超越了顾客的期望，而不是仅仅满足就可以的话，那我们得到的回报也可能会是超越我们预期的。只停留在顾客满意程度上的交易是被动的经营，唯有超越顾客的需求才是真正懂得经营，真正懂得发展。为什么海底捞火锅那么火呢？原因就在于海底捞超越了顾客的期望。通常人们走进火锅店就是吃火锅，满足正常的饮食需求，但走进海底捞你有免费的零食吃，免费的擦鞋、剪指甲等服务。我们私人教练跟海底捞有什么相关的关系呢？有，那就是要提供超越顾客需求的服务。你来海底捞，可以吃到美味的食物，享受到超值的服务，这就是海底捞成为中国餐饮百强企业的主要原因。满足期望赚小钱，超越期望持续赚钱。对于私人教练来说只要我们了解了顾客的需求，我们就知道如何去做了。所有的服务行业都在经营一个主题，那就是经营人，我们通过私教的方式，以私教的专业知识作为媒介，让人们联系在一起。所以，作为私人教练要满足人们的需求就要懂得心理学，整个私人教练成交术就是根据人们的心智模式走的一套流程，只要你按照整个流程走就没有成交不了的顾客。每个人的经济承受能力不一样，但是只要来健身房，顾客都是来消费的。只要教练做得对，销售流程走得对，这个顾客就很容易被你成交。对于我们教练来说有一个非常好的优势，那就是顾客已经来到我们会所了，说明顾客是有需求的，他已经掏了钱办卡了，只要我们按照成交术的流程进行运作，就很容易成交顾客。人离不开的就是一种心灵的需求，所以我们可以按照人性的心理需求规律进行运作，这样就容易成交了。但现实生活中，有许多私人教练都是通过逼单的形式成交的，这说白了就是在抢钱。因为这种方式没有尊重人性的心理模式，成交也是暂时的，你也走不远，这是肯定的。所以，我们只有积极寻找顾客需求，满足顾客需求，超越顾客需求，私人教练这个职业才能让更多的人知道，才能让更多的人以科学的方法健身，并且才能让更多的人获得一个健康的身体，从而实现私人教练的自身价值，为社会发挥更多的正能量。

综上是成交顾客的十一个步骤。所有的流程都围绕着顾客的"了解他的过去、知道他的现在、告诉他的未来"这个核心展开的。他的未来什么样？如果你跟我练，你的未来会是什么样；如果不跟我练，你的未来将会是什么样；就是因为当初你是怎么样的，所有才导致现在这个样子；如果你现在是这个样子，那么你的未来将会是什么样子；现在如果你不选择私人教练，你未来将会是什么样子。所有这一切都是围绕着三个步骤进行的。选择与不选择私人教练，一个是花钱，一个是不花钱；你花钱你的身体可以得到什么，你不花钱你的身体可以发展到什么样子。即使是在解决抗拒点的时候，也是围绕这三个问题进行解答的。围绕这个核心，问题总会得到解决的。

根据上述成交十一个步骤进行营销，你就会觉得整个成交如行云流水，很简单。当你重复的次数多了以后，遇到不同的顾客，你就会发现可以活用，"到什么山上唱什么歌"，遇到不同的顾客你就知道可以说什么话。所以，我经常跟我的教练沟通，其实所有的成交都在用一种方式成交，你不信问一下自己，是不是这样？我们在重复同一件事情，就是走那个流程。你有没有发现，所有跟顾客成交的流程90%都是一样的。成交顾客其实就是一道填空题，对于不同的顾客，你把变动数据变一下，但是核心是永远不会变的。你只要根据这个核心，根据顾客的信息，把这些信息填进去，最终就会被你成交的。记住，这个顾客来会所，他一定有需求；几乎所有人都需要健康；私人教练可以帮助顾客更科学地获得健康。但他为什么没有选择健身教练？那是因为教练没有完全了解他的内在需求和心理原因，没有信任，所以他没有被成交。

你只要围绕这十一个大步骤进行操作，成交顾客就变得容易多了。

思考

怎样为顾客提供超值服务？

_____

_____

_____

经典重现

所有的成交流程都是围绕着顾客的"了解他的过去、知道他的现在、告诉他的未来"这个核心展开的。

第七章
巧妙应对二十三种借口

聪明人不会拒绝自己所需要的东西。

——绪儒斯（古罗马哲学家）

课程推介的过程，不可能是一帆风顺的，肯定会遇到这样或那样的问题。这个时候，你应当开动脑筋，抓住顾客以各种借口进行拒绝的实质性原因，然后从关心顾客身体健康的角度出发进行有针对性的解答。一个优秀的成交高手，他成功的根本原因就在于找准着力点，锲而不舍，促成成交。

现在我给大家分享一下如何巧妙应对顾客提出的二十三种借口。

在我们和顾客谈业务的过程中，顾客处于自身的原因还会有这样、那样的顾虑，本章内容我要讲的是正确预测顾客的反应，然后恰如其分地解答顾客不积极接受我们健身课程而找出的借口。在健身行业，顾客只要以某种原因不能够正面接受我们的健身课程，基本上可以断定：一是顾客不了解我们的课程；二是顾客不信任健身课程，担心没有效果。

我们教练每天都要问问自己：顾客为什么找借口拒绝我。正所谓"拒绝理由千千万，看你会看不会看"。在实践中不断反省、不断总结经验是提高之阶。在向顾客介绍课程的过程中，只有很少一部分顾客第一次与你洽谈就能成交，大部分顾客都需要私教多次沟通，反复了解拒绝原因，最后才能成交。有时，顾客的拒绝与成交成功仅一步之隔。如果你一被拒绝就心存"唉！又浪费时间了"的错误心理，只以为是个人推销记录上的又一次失败，那就大错特错了。如果从另一个角度看，你若能将所遭遇到的拒绝事例加以汇集整理，并深究顾客心理上抗拒的原因，作为以后处理的参考，则被拒绝非但不会成为个人工作记录上的败笔，反而会是成交成长的助推器。

一、寻找出各种借口的来由

我们在成交中需要寻找为了拒绝你，顾客提出的各种借口的原因，所以你要明白以下两点：

第一，虽然没有销售成功，但也达到了沟通的效果。

长期从事健身课程销售工作，使私人教练深切了解了"拒绝"的意义。历经一段沟通交流之后，你无不深深体会到，拒绝的经验是宝贵的，不仅不是时间的浪费，反而可从拒绝中体会出处理拒绝的诀窍，提升自己的成交能力。

第二，发掘顾客抗拒的原因才能不"浪费"拒绝。

表面上的拒绝，必有内心的真正原因，有时顾客本身也说不清楚为何要拒绝。

（一）感性的拒绝

对私人教练本人的拒绝。这种拒绝是针对私人教练本身的，如私人教练人品低劣、不守约定、迟到、人缘不佳、好辩驳、讲歪理、不可信赖、音调过于高亢、欺骗顾客等。

出于自身原因的拒绝。这种拒绝大多是顾客本身的情绪问题，如事忙心烦、家庭生活、夫妻感情不如意、不协调等。

对推荐课程的拒绝。这种拒绝是顾客对私人教练和健身问题存在的固有观念导致的，如认为私人教练剥削顾客利益等。

（二）理性的拒绝

出于经济原因的拒绝。这种拒绝是顾客经济能力的问题，比如顾客费是固定的开支，有经济能力才负担得起。

对健身课程本身的拒绝。这种拒绝是课程本身的问题，实际课程难以满足顾客的要求或与其要求不尽相符等。

做过以上冷静的分析之后，拒绝未必不能成为财富。如果你在遭受挫折时，都能这样静下心来，认真探究顾客抗拒的心理原因，再对症下药，并有针对性地解决问题，那么这次的失败，就会成为下次成交的基础。因此，每次与顾客沟通之后，进行这样的经验总结与积累，成交之树才能结出成功的果实。

二、解答各种借口

我在从事私人教练的这些年中，根据接触到的各类顾客，对其提出的各种借口进行了分析和归纳整理，总结了二十三条顾客经常拒绝我们的借口，以及针对这些借口进行有效解答的方法。

俗话说：法无定法。我们教练解答顾客各种借口的核心是，要紧紧围绕顾客需求解答顾客的借口。解答时不要纠缠于顾客的借口问题，因为顾客的借口只是拒绝马上购买我们的课程而临时找的由头而已；即使不拿这个当借口，顾客也会找出其他的理由当借口。究其原因，主要在于顾客对我们教练了解甚少，并且也或多或少地从外界听说过私人教练的负面消息，因此初次沟通肯定会存在对我们的信任问题，在我们向其介绍课程计划时，他们普遍存在将信将疑的态度，不会立刻与我们成交。在这种情况下，我们要简洁明了地将顾客引导到成交思路上来。同时，为了增进顾客对我们的了解，应先让其现场体验我们的专业和服务，然后向其推荐短期的训练计划。顾客经过一段时期对我们的专业和服务进行体验之后，就会增加对我们的信任感，这就为他们续课打下了良好的信任基础。

下面介绍一下解答顾客抗拒购买健身课程借口的方法。现在，我以顾客张总作为例子，对这些借口逐一做出解答。当然，解答问题的方式方法不是固定的，我们要理解其中的内涵，灵活掌握。

借口一：考虑考虑

解答：

"你好，像你这样需要考虑考虑，说明你肯定是有请私人教练的想法的，对吗？如果你没有想法的话，你一定不会考虑的。你考虑的内容最主要是什么呢？"

如果顾客还会找其他借口，比如没时间。这时，我们马上说，"张总，你刚才不是说每周能够过来三次，配合也没有问题吗？"

我做了八年私人教练，我总结了一下，顾客考虑主要是两个，第一个是效果，第二个是钱。我们问顾客最在乎的是钱还是效果呢？此时顾客一般会表示这两方面都很重要。

"张总，你说要考虑一下，说明你还是想聘请私人教练的。一般来说，顾客说要考虑考虑的主要因素是钱和效果两个方面。张总，这两方面你最关注的是哪一方面？是钱呢，还是效果呢？"

这样，我们就简单明了地把他引导到我们的思路上来，不做其他的回答。在这个时候不管他如何回答都在我们的掌控之中，我们要及时做好记录。如果顾客回答是钱的问题，我们教练可以这样回答："张总，拿我们给你做的这份计划来说，让你得到你想要的效果，你愿意花多少资金？"

此时，张总可能会表示，他很想健身，但是我们给出的价格太贵了。这样，我们已经完全了解他要考虑考虑的底线了。在这个时候，顾客报的任何价格都是可以成交的价格。假若顾客报出的价格是2400，我们可以这样回答他，"张总，如果帮你做同样的计划比你说的2400价格更高一些的话，你能接受吗？"顾客可能会问，"高多少呢？"在这个时候我们可以引进高层策略，我们可以回答顾客："张总，为你做这样价格的计划的话，我没有权限，我请示一下经理，看看能否做一个比较适合你的健身方案。"这就是引进高层策略。在采取高层策略之后，我们教练方面是两个人与顾客谈判，成交就容易多了。已经了解了他的价格底线，顾客得到了自己心目中的标准价格，他肯定会购买的。如果顾客担心的是效果，那么对我们教练来说是非常容易解决的。对于顾客的担心，我们可以这样对他说，"张总，如果你花了钱得不到想要的效果的话，我全额退款给你。顾客为什么请教练？请教练的目的就是要得到自己想要的健身结果。如果你对我们的专业还是有些怀疑的话，就看看我们教练的身材吧，这是我们教练自己练出来的，并且到目前为止，我已经帮助近百个顾客完全实现了他的需求了。当然，每个人的体质不一样，身体状况也不一样，但我们可以保证让你得到想要的效果。因为我们每个月、每周都会帮你做测试，你在训练的过程中就可以看到你健身的效果，我相信你不会再担心得不到效果的"。

因此，只要顾客说要考虑考虑，我们就明白他担心的是钱和效果的问题，教练就可用上面的方式做到一句话，直接把顾客引导至成交阶段。

当然，还有一些比较聪明的顾客，他本人就是谈判高手，他会用另外的一种方式回答我们教练，比如他说，"其实你们教练做的计划我也很满意，也不是钱的事情；至于效果，我也不会担心，因为你们都是专业教练，只要我请你们指导我训练，我肯定会得到我想要的效果。我在时间上的问题是最关键的"。遇到这种类型的顾客我们应该这样回答，"张总，我们这里还有一个计划，你只要付 100 块钱就可以了，我可以给你做一个比较适合你的健身计划方案，可以让你得到效果，你愿意吗？"顾客肯定会问是什么方案。这个时候我们马上就可以试探出顾客抗拒的真相了，我们接着回答顾客，"张总，100 块钱你愿意掏，为什么我们给你做的计划你不愿意呢，这还不是钱的问题吗？"然后，我们再问出顾客心中的合适价格，把顾客引到成交环节。

还有一种顾客属于体验型的，在沟通中他们不善于表达，不想主动和我们说实话，只要我们给他点真东西体验一下，让他感觉到我们的课程计划货真价实，他们就会购买我们的课程计划。下面以 Thomas 教练解答顾客周小姐的问题为例，演示一下解答解除体验型顾客抗拒的方法。

……

周小姐：教练，我就是要想考虑考虑。

Thomas 教练：周小姐，我们给你做的健身计划的价格是 7200 元，你要发票吗？

周小姐：我还是要考虑考虑再说。

Thomas 教练：周小姐，你坚持要考虑一下，是不是因为刚才我做的工作不到位？还是我哪些地方没有给你讲清楚？

周小姐：没有，我只是觉得不想一下子做这样的决定，给我点时间，我回家好好想想。别着急，我下次回来一定会找你。

Thomas 教练：周小姐，能和我说真话吗？我刚才给你做的这个计划你满意吗？

周小姐表示满意我们的健身计划。

Thomas 教练：周小姐，你想回去考虑考虑，说明了你真的想选择这个健身计划，你回去考虑的主要问题还是钱和效果这两个方面，这些年来我接触的顾客很多，差不多有800多个了，他们担心的就是我说的这两个问题。周小姐，你最担心的是钱的问题还是效果的问题？

（注意：教练要适时地包装自己的价值，可以告诉顾客我们从事教练工作已经七八年了，光是学习培训的费用就已花了二十多万，我们给顾客做的计划就是最好的经验总结，顾客花这个钱是完全值得的。）

周小姐：你是专业的教练，效果的话是没问题的；钱，我还是要考虑考虑，花这么多钱买这个健身计划到底值不值。

Thomas 教练：就是的，你顾虑的关键还是钱的问题。如果现在我免费带你训练，你一定是愿意的，对吗？

周小姐：对。

Thomas 教练：周小姐，我的这套健身计划能够让你得到想要的健身效果，你觉得这套健身计划花多少钱合适？

周小姐：真不是钱的问题，我还是想回家好好考虑考虑。（不是实话）

Thomas 教练：周小姐，我知道，每个人的经济承受能力不一样，有的人可能10万块钱的课程也不觉得贵，有的人花3000或4000就感觉很贵，我很想知道你考虑考虑的真实原因是什么。

周小姐：这套计划7200块，真的有些贵。我觉得跟身边的朋友或者家人商量商量比较好一点。教练，给我一点时间好不好？

Thomas 教练：周小姐，作为消费者我完全理解你的顾虑，一是顾虑买了我的课程计划以后效果会不会和我说的一样，是否能够真正实现；二是考虑一下买我的课程计划你有没有买贵，对吧？

周小姐：对。

Thomas 教练：周小姐，这个钱是你自己付还是家人付？

周小姐：我自己付。

Thomas 教练：周小姐，我可以明确地告诉你，同样的消费，你如果在我这儿买贵了哪怕是一块钱，我全额退你所有的款项；如果你在我这儿得不到想要的效果，我全额退款给你，我把我的承诺写下来给你签个字好吗？

周小姐：我是接受能力比较慢的那种顾客，我这里需要点时间，你给我点时间好吗？

Thomas 教练：周小姐，我站在你的角度完全理解你的想法，不是我给不给你时间的问题，我感觉你还是在考虑我的课程计划在哪方面不值这个钱。如果这个计划就 100 块，你今天连考虑都不会考虑的，这说明你顾虑的还是钱的问题。这样吧，我跟经理请示一下，说不定会给你优惠，但是优惠幅度不是特别大。

周小姐：好的。

Thomas 教练：周小姐，你需要发票吗？

周小姐：暂时不需要发票。

Thomas 教练：周小姐，我跟经理商量一下，看看最低能给你优惠多少，告诉我你的价格底线能接受多少，好吗？

周小姐：我最低能承受 1000，你的经理过来的话，我这边也是需要点时间考虑的。

Thomas 教练：周小姐，需要点时间考虑没问题的。你的价格底线是每周掏 1000，还是每月掏 1000？

周小姐：我觉得买个训练计划总共花 1000 块就行。

Thomas 教练：周小姐，你办卡花多少钱？

周小姐：不到 2000。

Thomas 教练：周小姐，你想花 1000 就得到这样的效果，对吗？

周小姐：我觉得会一点就可以了，然后我自己练。

Thomas 教练：周小姐，你的意思就是想学方法是吧？

周小姐：是的。

Thomas 教练：周小姐，如果每个月 1000 你能接受吗？

周小姐：我可以先付 1000 块试试，看看效果怎么样。

Thomas 教练：周小姐，太棒了，不用请示我们经理了，这个权限我有，正好今天我有时间，我可以先带你去体验半个小时，了解一下我的专业和服务，看看值不值这个钱，我相信如果你觉得值这个钱的话，你一定会购买的。在购买前，我建议你不要购买太多，你先尝试性地买一个短期训练计划，如果你觉得真的是你想要的，然后再把后面的计划续上，好吗？

周小姐：好的。

Thomas 教练：周小姐，现在我带你去体验一下。

这样，通过层层沟通我们终于弄清楚了，顾客说要考虑考虑的主要原因是对我们没有信任感，不只是钱的问题。这类顾客不善于表达，不善于说实话，跟我们的沟通模棱两可，其实她最后心里就是一句话，"你们教练虽然讲了那么多，但是还是不足以让我相信"。总结起来，这类顾客属于体验型的，非常善于思考，只要我们给顾客一点真东西看（最能打消顾客疑虑的就是让他们看看我们的顾客见证），顾客就一定会购买。

顾客抗拒我们的原因归根结底就是我在上面讲的钱和效果的问题，其中最主要的还是我们私人教练的筹码不足，因此要让顾客了解我们，根据顾客的不同性格类型，给足顾客筹码，顾客得到的筹码越高，他购买的欲望就越强。给足顾客筹码的方法就是向顾客展示我们的顾客见证。用顾客见证可以使顾客信任我们，然后我们再用一些方式简洁明快地予以解决，千万不要和顾客辩解，将顾客引导至我们成交的思路上就可以了。

在这个环节，我们教练要做的事情就是不断地让顾客相信我们，教练的举手投足都要围绕让顾客相信我们这个关键点；顾客越是相信我们，他就会不断地认为我们的课程计划值得购买，那么我们的成交顾客就如行云流水，变得顺畅多了。

借口二：课程太贵了

解答：

"张总，这个贵你是拿什么和这个课程进行比较呢？说真的，最关键的是效果。今天你花了 7200 元钱，如果让你得到了很好的效果，让你的脂肪肝消失，如果两个月以后你再到医院查一下脂肪肝还存在，那么这个钱就花冤了，别说 7200 元就是 3200 元也是浪费；我觉得你应该关心的是我们的专业和服务质量，关心这套计划能不能给你带来真正的效果，而不是课程的价格高低。我现在可以和你这样说，按照这个计划进行训练，你每一周都会看到效果；每个月我都会帮你测试，每次的训练项目都是由你本人签字才能生效的，为的是每次都给你最佳的训练结果。如果不这样的话，二十多节课你肯定不会都训练完的。就是说，你在练的过程中就可以看到效果了。"

接下来，继续引导他到成交阶段进行成交填单的步骤。和顾客要出登记所需的电话号码，询问顾客是否需要发票，以及付款方式，等等。当顾客谈钱的时候，我们就和他谈效果。顾客说太贵了，我们就问出顾客这是与什么比较觉得贵，然后向顾客说明，获得了健康是无价的，再继续向顾客讲效果，具体的效果内容同上面"考虑考虑"的内容。最后着重指出，通过健身，可以使顾客的身体更加健康，工作起来更加有激情，创造的财富会更多。例如通过健身训练，消除了顾客的脂肪肝，这个价值至少是两万元；通过健身，顾客的身材会更好，会更有气场，精神状态会更好，如果与他的顾客谈判，由于他的良好的精神状态、无可比拟的气场，吸引他的顾客与他签订一个 5 万元的订单，等等。我们可以把这八项内容的效果数据化、价值化，假如每项值 5000 元，八项就是 40000 元，现在顾客只花 7200 元钱就可以买到这样好的一个训练方案。这就是一个对比的方法，顾客说钱，我们就说效果。如果顾客谈钱的时候，我们就围绕着钱展开谈判的话题，那就失去意义了，会永远纠缠下去的。

人们的消费心理大多是一样的，如果这个商品便宜了，那么人们还想更便宜。因此，作为教练来说，一定不能用价格来吸引顾客，价格一旦报出，我们就不要有丝毫动摇的想法。我们可以用服务来弥补顾客的心理期盼，价格是不能妥协的，千万不能用价格来吸引顾客。如果用价格来吸引顾客，那么他在以后续课的时候会要求我们把价格压得低一些。所以，顾客谈钱的时候，我们就和他谈效果，健康的身体是花多少钱也买不来的。告诉顾客，他现在的身体情况一定是需要请教练的，健康是无价的，是不能用金钱来衡量的，一分价钱，一分服务，我们会为他提供最优质、最专业的服务，让他在最短的时间内达到最满意的效果！人的生命是有限的，金钱是无限的，我们要用有限的生命去换取无限的金钱！前提就是健康，他要拥有健康！人的一生可以创造无限的财富！我们现在花几千元钱让他更加健康，他能说不值吗？

借口三：担心没效果

在前面我们已经讲过了，如何赢得顾客的信赖。我们可以给顾客其他顾客的数据对比、照片对比以及自己的身材等来说服顾客。如果教练没有顾客见证，没有储备资源，是一个新教练的话，可以按照下面的回答示例回答顾客：

解答：

"张总，你考虑的这个问题太重要了，既然你花钱了，就是想要得到好的效果，如果没有效果的话你花的钱都浪费了，这个我们理解；我们可以向你保证，如果你根据我的训练计划练完之后没有效果，我全额退款。因为我相信用我自己的专业一定能够帮助你。还有，你看看我们这儿的教练的身材都是非常好的，那就是说我们教练都掌握了一套行之有效的方法。你每次上课都要签字，每周你都能看到你的效果，我再次保证，如果按计划训练完之后没有效果，我全额退款。"

这种方法叫"风险嫁接"，也就是说，将顾客担心的风险转嫁到我们身上。一般来说，如果顾客按照教练的计划进行训练，不存在没有效果的情况。当然，人和人的身体素质不一样，我们向顾客表明，我们为他制订的健身计划是为他量身定做的，只要按照这个计划进行训练，按照计划方案科学合理饮食，调整饮食结构，就一定能达到他想要的效果的。

借口四：没时间

面对这样的抗拒理由，我们教练没有必要和他绕圈子，直截了当地向他阐明我们的观点。

解答：

"张总，你是知道的，现在人们都是花钱买时间，我相信像你这么成功的人士一定不会用时间去换钱的。"

当顾客拿时间说问题的时候，我们就要给他算时间成本，也就是时间对他的事业、家庭的影响，围绕着顾客的需求说事。有的时候顾客可能真的没有时间，但是顾客认可我们的计划和能力，我们可以这样回答他："张总，就是因为你每周只能来一次才真的需要请私人教练，正因为你每周只能来一次，所以就应该让每一次都要有价值、有意义，都要充实和取得最好效果，这样才能使你的身体得到科学有效的训练；你这么忙，如果每次过来只是随便跑跑步，那来健身房也没有什么意义；既然你来到健身房了，这边的器械比别处更健全，又有教练在旁指导，能够每次都让你的时间实现最大的利用价值；如果你每次来都按照自己的想法去练，那么我们肯定你收不到多少效果的。其实健身和工作一样的，比如一个很懂业务的推销员，他做的肯定要比不懂业务的推销员要好；所有的事情都是有方法的，就像你的公司，刚进来的新员工会有老员工带他、教他如何工作、如何效率更高，健身也是一样的，你需要一个教练引导你，让你的每一次时间产生最大的价值，每次练的效果怎么样只有在练的时候才知道，对吗？所以，我们先制订两个月的计划，你需要发票吗？……"

然后，我们直接把他带入成交阶段。这个借口的解决关键是，顾客没有时间，我们就要把为其提升时间的价值方面作为着力点说服顾客，最后直接引导他进入成交环节。

借口五：我每天都有时间，但想先自己练练看看有没有效果

解答：

"就是因为你每天都有时间，所以才需要有一个私人教练；假如你一周只能来一次的话即使我的专业再好，也无法帮你达到你想要的效果。现在你每周都有时间过来，因此我只要给你一些科学有效的指导，你的健身就会事半功倍。做任何事情都是一样的，如果你的方法不对、你的健身强度不对、你的运动频率不对的话，那是对身体有伤害的。你每天都过来，如果你按照不科学的健身流程去训练，在这种情况下，你的身体可能正在受伤但你没有发觉，久而久之，一些隐形的伤害就会发生。最关键的是，当你在需要去找私人教练的时候，私教再给你纠正就会变得非常困难，花费的时间更长，你会更加痛苦。就如同你的生活习惯一样，马上有个人过来纠正你，你一定感觉不适应并且过程也难以忍受。所以说，你按照不正确、不科学的方法养成的健身习惯，再去纠正就很难。如果你每次过来健身出出汗就可以了，就会有效果了，那么所有人来健身房出出汗以后都是型男靓女了，这是不可能的事情。我们的健身房已经开了两年多了，你一进来就看到我们的顾客都是型男靓女吗？不是！（这时，我们引导顾客到健身房观看。）你首先看一下跑步机上的顾客，他们没有一个人的身材是好的，再看其他器械上的顾客，他们的身材每个人都是好的，这是科学健身的结果，这你也看到了。以上的对比都是方法的对比，你过来只是出出汗，那你就随便玩玩就可以了。但是，你一进来就是有需求的，我知道你是想减脂的，既然你有目的，那就得有正确的方法。"

在这里，我会用"方法——效果——方法"的循环模式引导顾客，我会不断强化我能为顾客提供什么，最后也是直接带入成交环节。

借口六：家人不支持

在前面的健康问答环节我们已经了解了顾客的一些基本情况，当时我特别强调了一个事情，就是要问一下顾客，他来健身家人支持吗？这样做的目的，就是为了在以后的成交环节中打消掉顾客以"家人不支持"为由来抗拒我们。在健康问答环节中，顾客若已经表示家人支持他健身，那么在以后再以"家人不支持"作为抗拒理由的话，显然是前后矛盾。

解答：

"张总，其实我真的非常理解你，你是害怕家里人不支持你；最关键的是你自己，因为只有你对私人教练了解了、认识了，你给家人传递信息的时候才能更精准，你才能获得更多的支持。说真的，我给你讲了这么多，你都表示认可，其实从内心里你并没有真正地认可，因为你还没有真真正正地看到效果。而看到效果和认识到健身的价值之间你需要做的是要参与其中——练，如果你不练，我再有本事你也不会有效果，对不对？你要参与、投入其中，我们才会有效果。我想只有你自己练出效果了以后再去跟家人沟通，他们才会支持你。说到底，健身是件好事情，通过聘请私人教练指导你训练，让你有一个好身体，达到这样的效果以后，家里人肯定会更开心的。这样你就有更多的能力照顾你的家庭，有更好的状态去工作，你的家人不支持是因为他们不了解你健身的事情，想一下，任何一个亲人会不支持自己的家人往好的方面发展吗？之所以他们不支持你，来源于他们对这件事情不了解，不了解的原因是他们没有请过私人教练，还有一点就是他们自己就不喜欢健身。如果他们自己喜欢健身，他一定会支持你的。我觉得这其中最重要的人是你和我，至于家人支持还是不支持，这个你不要考虑，你现在需要考虑的是花多少钱来健身，能够由你自己控制的资金有多少？"

顾客表示两三千可以。

"张总，我先给你做一个2400元钱的计划，你先看一下有没有效果，只要家人看到你的健身效果，他们是一定会支持的。"

然后，再把他直接带入成交环节。

（注意：我们不要与顾客纠缠家人是否支持的问题，而是直接把他带到钱的问题上。）

如果顾客还是坚持要和家人商量商量，我们这样解答：

"张总，我想你之所以还要与家人商量一下再做决定，主要是因为虽然我讲了那么多，你对我的专业和服务还是不了解。我想在训练期间，你会逐渐了解我的。我建议你先买个短期的，体验一下我的专业和服务怎么样，再考虑花这个钱购买我的课程到底值不值。在你得到了想要的结果之后，你向家人传递的信息肯定是很正面的。"

此外，还有一点需要谨记，那就是要找顾客的决策人谈判。例如顾客是一个学生，还没有成家立业，顾客肯定自己做不了主，我们需要找能为顾客做出决定的人谈判。一般情况下是学生的父母说了算，那我们就与学生的父母进行成交谈判，只要这样做，成交的概率才会加大。

总之，在解答顾客的这个借口的时候，一定要弄清楚顾客自己掌控的资金有多少，决策人是谁，接下来我们就知道如何去成交他了。记住顾客是骗子，这句话永远不假。顾客由于自己没有认识到请私教的重要性，他是在考虑花钱请教练值不值。还有一种情况，顾客的钱真的不多，不够支付请私教的费用，他只能以问一下家人作为抗拒理由，家人由于不了解私人教练，肯定不支持，所以顾客就不会请私人教练。家人不支持有多种情况，如果他是学生，我们就要找到主要的核心人物进行成交，就是找具有决定权的人进行成交。对于成交，我们要先成交这个人是很关键的，就像上面的例子，只要成交了顾客这个人，基本上就是成交了我们的课程。

借口七：朋友请过没效果

在解答顾客的这类抗拒理由时，我们一定要牢记顾客关注的焦点就在于服务品质。当顾客说朋友请过没效果的时候，我们不要去追着顾客问究竟为什么，也不要贬低顾客的朋友请过的教练。切记禁止向顾客说我们会所最好，别的会所都不行。我们中国人待人接物讲究中庸之道，如果把话说得太满太绝，反而令顾客感到我们言过其实，对我们产生反感甚至离去。关键的是，我们要围绕着顾客对服务品质和专业水准的需求这个核心点，向顾客展示顾客见证资料，重点介绍我们会所的专业和服务优势。

解答：

"张总，每个人的身体都是不一样的，包括身材、形体都是不一样的，因为情况不一样，当然效果也就不一样。同时，每个教练的授课风格也不一样，我不能说你朋友请的教练不专业，我对他们健身的整个过程不了解，我觉得现在最关键的人物是你和我，其实你现在考虑的是我能不能真正地给你带来效果。同样是一道菜，不同的人去吃，就会有不同的评价，同理每个人身体情况不一样，在健身的时候导致的结果也会不一样。我的专业和服务能够为你的健身带来多少价值，跟我健身值不值这才是最关键的，你花多少钱去买我给你提供的专业服务感觉是值得的，这是你最为关注的，对不对？你朋友请过，但是你的情况和他的情况是不一样的，教练也是不一样的，在这个过程中有许多细节我们也是不了解的，因为我们不是参与者。所以你现在应当考虑的是我能不能真的帮你带来效果，聊到这儿，说白了你就是需要花多少钱的问题，对吗？"

需要注意，在这时我只解决效果问题就可以了，这就比较容易解决了。就像上面说的，你从事私人教练以来积累的工作经验、顾客见证、数据和你自己的以身作则的行动等等，都可以拿来向顾客证明你的能力，这就很容易解决了。

如果顾客说："教练，我想自己先练一个月看看，然后我再来请你做我的私人教练。"这个问题我们已经解决过了，我们对他强调方法就是了。

借口八：我怕坚持不了

解答：

"张总，正因为你怕坚持不了，所以才请私人教练监督、指导和帮助你训练。不止你怕坚持不了，根据我在做教练的这些年的经验来看，很多顾客像你一样没有很好地坚持下来，我们顾客2000多人，真正有规律地过来练的也就200多人，原因是什么？主要是没有正确的健身方法。据我的观察，很多人办卡都是三分钟热度，第一个月冲劲十足，每周来两三次；然后第二个月他们的激情就会慢慢减退；第三个月就几乎见不到这个人了。这是我们所发现的很多顾客的共性。正因为你怕坚持不了，所以才需要请一个私人教练监督你、帮助你戒除自己的惰性，按照正确的方法训练。如果你自己自制力很强，每周都能练三四次，那么你请不请私人教练无所谓。就像练武术一样，每天在家里练马步、练基本功，然后再有高手在旁指点，只要坚持下去就会练出好结果。但是，现在你担心坚持不了，只是因为没有看到效果，这是其一；没有正确的健身方法，不知道如何去健身，这是其二；没有教练的监督和指导，你的惰性无法得到有效的克制，这是第三条，也是最关键的一条。张总，这是很多顾客坚持不下来的原因。"

对于这种情况，我们就需要把顾客背后的动机讲清楚，包括坚持不了的主要的三个原因：第一，没有正确的方法，顾客就不会坚持。第二，没有看到健身效果，顾客也不会坚持。因为练了这么久不见成效，再练下去就没有必要了。越练越没有信心，所以就坚持不了了。第三，没有私人教练的监督和指导，顾客无法自己克服惰性。面对顾客的这个借口，我们就应当向顾客解释，就是因为这些原因才需要请私人健身教练。我们会告诉顾客每一次该如何进行训练，找到最适合顾客的健身方式，给顾客设立健身的阶段性目标，激发顾客的兴趣，这样顾客就会越练越有信心，越练越有兴趣，顾客的惰性也会逐渐地消失。为了让顾客看到自己健身取得的成绩，我们每个月都要为顾客做测试，以便让顾客看到自己的健身效果，以及通过教练的指导养成的良性循环的健身方法，让顾客看到美好的希望。

在向顾客详细地讲明这些情况后，直接把顾客带入成交阶段，或者通过带他上体验课后再进入成交环节。

借口九：请教练太累，怕受不了

解答：

"张总，我想知道你之前练什么项目感觉到累？还是你请的教练让你练得很累？你知道什么是累吗？累就是健身强度超过了你的身体承受能力。为什么健身要请私人教练呢？因为教练会根据每个顾客的身体实际情况找到最适合他的健身方式，会找到每个阶段最适合你的运动强度指标，所以这个请你放心。如果每一次都很累，你还练什么呢？当然你不会再练了，我会循序渐进，找到最适合你的训练强度指标，这是对一个教练的基本要求，所以你多虑了。张总，因为在每一个阶段我都会找到最适合你的强度指标，我不知道你之前的教练是怎么安排你训练的，你和之前的教练也可能没有沟通好，所以你们的配合也存在问题，所以感到累。此外，我们教练会与顾客进行许多的互动，会为你设置一项如同玩游戏一样的互动项目，让你在健身中享受乐趣，只有参与，才能体会其中的乐趣，不相信的话我带你练一次，你就相信了。同时，在我带你练的时候你就感受一下自己的强度负荷，一定会找到适合你的健身强度，你说健身一点儿都不累的话，那就不成为健身了。但是我会让你享受这个愉快的累、非常舒服的累，在练完之后，你会感觉你的身体非常舒服，你整个的精气神就会与以前完全不一样，这个效果我是完全可以为你达到的，所以请你放心就是。这样吧，我们先做两个月的健身计划，到这边把你的信息填一下……"

通过这种方式，我们把顾客直接带入成交阶段。

另外一种情况就是，顾客从参加过健身训练的朋友那儿听说的健身很累，自己没有请过教练。对于这种情况，我们的回答示例如下：

"张总，你是从朋友那儿听说的健身很累，可是你自己没有聘请过私人教练，只有亲自尝试一下才会有自己的感觉。如果就像你听说的那样，请教练太累的话，那么谁还会请教练健身呢？你也看到了，到我们这儿来健身的人很多，这些人的身体状态、精神状态都是很阳光、很轻松、很愉快的，如果就像你所说的很累，那他们还来练吗？肯定不会来的。你也看到在马路上有很多人都在运动，这说明运动是件很开心的事情。"

对于这类顾客，我们一定要问出怕累的真相，找出导致其怕累的原因。一般来说，这类顾客的特征就是害怕被约束，我们一定要给他营造一个很开放、很欢乐的环境氛围。我们要注意在沟通的时候要多强调健身计划的娱乐性和趣味性，并且在训练中以鼓励为主，切忌围绕陷进顾客的"累与不累"的话题中不能自拔。

借口十：别家更便宜

解答：

"张总，进行价格比较是很不可行的，我们承认有比我们更便宜的，比如说同一个西瓜放在不同的地方，西瓜的价格也是不一样的，放在五星级酒店的话，一块西瓜就可能20元钱，放在便利店一块西瓜也就两元钱；不同的健身环境，课程的价格也是不一样的，我可以向你保证，我不希望用便宜的方式把你吸引进来。在不同的健身环境里训练，顾客的健身定位是不一样的，在我们这儿能为你提供超出你花费的价值，也就是超值服务，这是我能够保证的。"

如果我们还是未能说服顾客，这时我们教练应该静下心来，从专业水平和服务质量方面入手，进一步引导顾客。例如下面的例子：

Sam：张总，你更在乎服务的品质还是价格？我相信你购买我们的课程最希望的是得到你想要的服务，而不是随便找个人陪你练练就行的。如果找个人陪练的话，我们这儿有二星级、三星级教练，我可以找个教练陪你练。但是，我相信这不是你想要的。

张总：我以前找的教练也不错，不论是专业还是服务都很好，价格也比你们的便宜，如果你的价格也能给我优惠，我肯定聘请你。

Sam：张总，这样的话其实你是以价格选择了我，而不是以专业选择了我。刚才你的话就和医生给病人看病一样，哪个医生开的药价低病人就选择谁一样，这是不可取的。张总，为了你的身体考虑，我想你还是希望选择更专业的教练，对吗？张总，你以前请过教练，这样更好，我过一会儿带你去体验一下我的专业和服务，你可以感觉一下我跟以前你请的那个教练的差别，是差不多，还是我更优秀一些。你先对我多做些了解，对我了解之后，我相信你更在乎的是专业和服务而不是价格。经过体验之后，如果你感觉我比你以前的教练差很多，我相信我们课程的价格再便宜你也不会购买的。

接着，我们引导顾客进入成交环节。

对于顾客来说，我相信他们一定更在乎教练的专业和服务品质，但是还是希望花更少的钱购买最好的健身课程，因此我们要引导顾客接受我们的价格，让他知道我们课程计划的价格就是这样的，因为我们给他的是最优惠的价格和最优质的专业水平以及服务质量。

借口十一：超出预算（或来之前没有请教练的预算）

解答：

"张总，你对我给你做的健身计划认可吗？超出预算很正常，因为之前你对私人教练可能不是很了解，觉得办张卡就可以了，就没有其他费用了，然后今天听到请私教之后，一下子就感觉到超出预算了，这个是很正常的，毕竟以前你对私教不了解。但是，现在你对私教已经很了解了，说出你心中的预算就很容易和我们成交，现在你在请私教方面准备的预算是多少？"

如果张总说："我还是认可你的健身计划的，只是我没有预算。"

我们解答：

"张总，你已经对私教有些了解了，现在你是选择第一阶段呢？还是第二阶段？我建议你先选择一个月的健身计划体验一下。这样吧，今天我先带你体验一下我的专业和服务能不能得到你的认可。"

一般的顾客对私人教练不是很了解，我们应当要让他体验一下，然后不断地沟通，让顾客慢慢地接受我们，这样就非常容易成交了。此外，可以把当天已经成交的顾客的收据翻给顾客看，让顾客了解在我们这儿所有顾客的价格都是统一的，从而使顾客对我们的收费公正性感到放心，然后我们再引导顾客回到成交的环节上来。

借口十二：下次再说

这时候我们应当清楚，顾客是在找机会逃离我们，他一定考虑到了某种问题还没有得到解决，我们要想办法"套出"顾客的真相。

解答：

"张总，你下次再说是想考虑什么呢？你购买与否完全由你做主，我只是告诉你如何才能更好地在这儿健身，给你想要的结果和最适合你的健身方案。我想进一步地了解你，因为对你了解越多，为你设计的方案才会越适合你。那你所说的下次再说是指什么呢？你对私教都了解了吗？"

顾客这时会做出肯定的答复。然后，我们接着对他讲，"既然都了解了，那还考虑什么呢？你今天做出决定不更好吗？"同时，我们还要告诉顾客，今天买会得到我们会所的精美礼品，或者免费得到我们赠送的一节课程，或者会享受到一次优惠的价格。这就是引导顾客让他知道今天做出决定会得到什么好处。这就是说，我们要告诉顾客今天做出决定的充分理由，还有一点就是和顾客解释今天购买对于我们私人教练的重要性，会所对我们的奖励我们可以嫁接到顾客身上。向顾客说明的另外一点是，"正是因为以前你没有做出果断的决定，影响了你的健身，所以现在的身体还是老样子；如果你现在就做出决定，下一次来会所的时候，我们就会提前把健身计划为你设计好，马上开始训练了；但是，如果你优柔寡断，一再地往后拖，那么健身的事情又会搁浅了，这样循环下去就不会请私人教练了。今天只是做个决定而已，并且请私人教练你也是认可的，对你来说是百利无一害的事情，你今天是交现金还是刷卡……"这样，把顾客一下带进成交环节。

借口十三：我没钱

顾客以没钱为借口抗拒购买，实际上都是假托的理由，关键点还是在于顾客认为这个钱掏得值不值，所以我们还是要把顾客引导至效果和钱这两个问题上来。因为顾客考虑的问题没有别的，就是花多少钱，能取得什么样的效果，花的钱是不是会浪费掉，钱花了以后能得到效果吗？所以，在解答时我们应当围绕这些核心问题与顾客沟通。

解答：

"张总，请问你最多能拿出多少钱来？你能承受多少钱的价格？告诉我实话好吗？我们了解你的情况之后，会设计出符合你的价格预期的训练方案。"

如果我们报出 7200 元的价格，他表示太贵了，那我们就要接着问顾客：

"张总，多少钱的价位适合你？"

假如顾客还是以没钱为理由继续搪塞，我们应当这样解释：

"张总，正是因为你现在没钱才需要一个私人教练，你请了私教指导你健身，你工作起来会更有激情，有了更多的激情，你的形象更好了，你就会创造出更多的财富。另外，你进了我们的会所将会认识到更多不同行业的顾客，那么你的视野以及获得的资讯将会更丰富，这样会帮你挣更多的钱，对吗？但是，让你对这些很明显容易得到的身体方面、视野方面存在的利好，你都不愿意做出决定。你看一下你现在的脂肪到了多少了？减下来之后形象是不是会更好？形象更好之后，你在工作上会不会能赚更多的钱？包括工作在内，你都可以选择更好的，连这样好的投资你都不愿意做出决定，不是你没有钱，而是你不愿花钱买健康，买美好的未来。我相信你身上几千元钱肯定是有的，请告诉我，你能拿出多少钱？究竟能接受多少钱？"

根据顾客资金的实际情况，我们划分档次进行成交，我们做教练的目的就是要让更多的顾客体验到我们私教的专业服务，更了解我们私人教练这个职业，让广大健身爱好者养成科学的健身方法并从中得到快乐，为社会提供正能量，这是私人教练的神圣使命。

借口十四：朋友就是教练

解答：

"张总，朋友就是教练，这很好，你可以向他了解健身的有关知识。每个私人教练都有自己的顾客，他对自己的顾客负责。作为教练的朋友，他可以给你一些健身知识，但是不会给你像顾客一样的专业陪护和训练指导，你说对吗？张总，我正好有时间，现在我带你上一节体验课，让你体验一下我的专业、服务和请教练的好处……"

借口十五：网上就可以学习

解答：

"张总，举个学生上学的例子吧，学生的教材在网上也都能查得到，但是为什么家长还要把孩子送到学校读书？道理很简单，因为有老师教。同样，健身也是一样，网上确实有这方面的资料，但是没有教练指导的话，你还是掌握不了科学的健身方法，你期望的健身效果更无从谈起。从另一方面讲，即使在网上有动作指导，但是那些项目是根据你的身体状况制订的健身方案吗？适合你吗？在网上学，没有私人教练的陪护指导，盲目地去学，这样不会有好效果的。"

然后，我们带顾客去体验一下他在网上学会的动作，通过我们的指导，形成对比，来体现私人教练的价值，然后直接带入成交环节。

借口十六：不买就是不买

这类顾客一般是对健身不了解，或者以前曾经聘请过私人教练，但是没有得到想要的结果，顾客担心花了钱也没有得到什么效果。因此，这类借口的实质就是钱和效果的问题。

解答：

"张总，我很理解和尊重你的坚持。健身课程你已决定了就是不买，态度很坚决；但是，对人的身体健康来说，却不是说健康就健康的，任何人都是如此，你说对吗？对我们的健身计划来说，你早买，你的身体健康就会早受益，我相信在你体验了我的专业和服务之后，你会认同我的看法的。张总，这样吧，我先带你上一节体验课，体验一下我的专业和服务。"

借口十七：有不愉快的经历

解答：

"张总，你有不愉快的经历，我首先代表我的同行向你说声抱歉，我的同行可能在某些方面做得不好让你在健身过程中产生了不愉快，当然，我希望你在我这里能够找回对我们教练的认可。请问你不愉快的经历是什么时候的事情？你看这样好吗？今天我先带你上一节体验课，让你感觉一下我们的专业和服务，对比一下我们与你以前的教练在专业和服务以及沟通方面有什么不同。我们的私人教练都是专家专业级别的，专业技能服务都是一流的，我相信你成为我们的顾客后，你的不愉快经历将会是永远的过去，在我们这儿，你一定能得到你想要的健身结果。我建议你先买个短期的训练计划，先对我进行一下考量，看我带着你训练的这一段时间里效果如何。"

然后，把顾客带入成交环节。

借口十八：还没做好购买准备

解答：

"张总，你见过人生了病需要到医院治疗，但他却说自己还没有做好到医院治疗的准备，有这样的事情吗？健康是每一个人都追求的，没有哪一个人希望自己不健康，当自己生病了再想到健身，那是不聪明的做法。健康是需要时时呵护的，我们的健身计划就是让你获得你想要的健身效果的最好方法。张总，建议你先购买一套短期的训练计划，体验一下训练效果，然后再决定是否续课，继续训练下去。"

借口十九：不感兴趣

顾客的这种借口显然是背后对教练的价值不了解，或者不认可我们教练的价值，解答这类借口的关键是我们要引导顾客，正确认识聘请教练的价值。

解答：

"张总，看来你对我们私人教练还不是很了解，所以才对请私人教练不感兴趣。正因为你对教练不了解，才说明你更需要请教练帮助你健身。我先带你上一节体验课，让你体验一下我的专业和服务，然后再考虑一下是否聘请私人教练，好吗？"或者说"张总，在你经过体验之后，如果你切实体会到健身给你带来的乐趣，感受到请私人教练的价值之后，再请我们私人教练可以吗？"

借口二十：跑步就可以瘦，不需要私人教练

我们要注意，解答这个借口时一定要先肯定，再给予。

解答：

"张总，你的想法非常不错！如果你能每天坚持拿出三个小时跑步，再加上合理饮食肯定会使身体瘦下来的。瘦的方式多种多样，例如每天缩食，只吃少量的食物，那么人的身体是会瘦下来的，但是这种瘦是对身体健康不利的。我们教练能根据你的身体状况，制订出适合你的健身计划，帮你掌握

正确的、科学的健身方法，只要你坚持下去，会得到健康的瘦。当然了，如果你每天都能坚持跑步三个小时，你的身体会瘦下去的，但是这能坚持得了吗？现在你可以用科学的健身方法达到健康的瘦身效果，请教练是个不错的选择，因为教练可以督导你坚持下去。"

借口二十一：私人教练是有钱人请的

顾客可能由于从各类媒体中捕获的大多数是某某明星的健身信息，还有就是某些商界名流的别墅度假休息健身新闻，所以在他们的心目中就形成了聘请私人教练是有钱人、有权人的事情。作为一个普通百姓来说，请私人教练是奢侈的、花费昂贵的固有印象。说白了，还是钱的问题。对于这个借口，我们应从顾客的身体健康为切入口，并向其介绍我们的健身计划是有不同价位的，但都能够让顾客得到想要的结果。

解答：

"张总，人按照财产的多少可以划分为有钱的人和没钱的人，健康却没有按照这个界限进行划分，不论有钱的人还是没钱的人，都需要健康。真不希望人们陷入这样一个怪圈，就是有钱打针吃药，没钱请私人教练健身强体。如果没钱的人因为缺乏健身锻炼生了病后花钱去治疗，那么他会变得更没有钱，经济状况更拮据。只要自己有个健康的身体，才会有旺盛的精力挣更多的钱。张总，你说对吗？还有，我们健身计划的价格并不是你想象的那样让你望而却步，我们的健身计划是根据不同的人、不同的需求量身定做的，我建议你先购买短期的训练计划训练一段时间，感觉一下效果如何。"

借口二十二：经济不景气

以经济不景气为借口，这很明显的是钱的问题，我们要按照前面讲过的类似问题与顾客沟通，简洁地把顾客引入成交阶段。

解答：

"张总，我们要不要健身和经济景气不景气无关系。相反，越是经济不景气，越需要我们有一个健康的身体去拼搏来改变目前的经济情况。张总，你想过没有，对一个家庭来说，如果在目前经济发展不好的情况下由于是身体缺乏锻炼生了大病，那么就会对自己的家庭构成一个很大的经济负担。在经济不景气的情况下，我们得用工资养家糊口，孩子需要享受一个良好的教育，如果你生病以后无法上班，那么这一切都失去了保障。不可否认，目前经济确实不景气，但是这是暂时的，经济状况的改善需要我们用一个健康的身体去打拼，才能改变目前的经济状况。如何保持健康的身体，则是需要科学的健身方法，有私人教练的指导，就能为你的身体健康提供安全保障。"

然后，将顾客带入成交阶段。

借口二十三：我经常出差没有固定时间

对于这个借口，需要我们注意的是，多数顾客提出的这个理由是真实的借口，但顾客的目的却是想以经常出差没有时间训练为托词进行抗拒，我们不要被顾客绕进去，而是简洁地告诉顾客我们的健身计划既能满足他在会所训练，也能满足他在酒店宾馆随时健身。可先让顾客体验一下不用健身器械的健身方法，然后把顾客引导至成交阶段。

解答：

"张总，我们都知道在出差的过程中，生活毫无规律可言，对人的健康损害较大，长此以往，对人的身体健康危害更大，所以经常出差的人更需要聘请教练健身。张总，你经常出差，说明了你工作很忙，你的身体肯定缺乏训练，这更需要聘请私人教练指导你健身，以便支撑你的工作强度。我们能为你设计出符合你自身情况的健身计划，你既可以在宾馆随时随地健身，更可以在回家的时候来我们会所健身。只要你想身体健康的话，你总能够找出时间的。你之所以走进我们会所，说明了你已经注意到自己身体健康的重要性，为了让你有一个更健康的身体去应对这么高的工作强度，你特别需要有一个适合你的健身计划。不管你能来会所几次，我保证每次你来，我都会教你正确、科学的健身方法。你在出差时，可以在宾馆的健身房里用我教你的健身方法去健身。此外，健身并不是都需要器械的，我教给你科学的健身方法之后，你在酒店里就可以随时健身了。当你在这些场所健身的时候，我可以通过微信等快捷的沟通方式指导你的健身。你也不用担心购买的健身计划的期限问题，我会根据你的特殊情况将期限适当地延长。这样吧，张总，我先教你一套在宾馆酒店里不需要器械的健身方法，让你体验一下我的专业和服务。"

　　需要我们注意的是，为顾客制订的健身计划一定要与顾客的自身实际情况相符，要考虑到顾客的方方面面的因素，量身为顾客制订合适的健身计划。

　　💡 **思考**

如何寻找出各种借口的来由？

_____

_____

_____

_____

_____

　　▶ **经典重现**

　　在你进行课程推介的时候，肯定会遇到这样或那样的借口。你抓住顾客以各种借口进行拒绝的实质性原因，然后从关心顾客身体健康的角度出发进行有针对性的解答。一个优秀的教练，他成功的根本原因就在于找准了着力点，锲而不舍，促成成交。

第八章
合理理解 POS

这一章分享的是如何正确合理理解 POS，只有合理理解了，才能真正地进行让顾客满意的营销和服务，也才能做到坚持"以顾客为中心的服务理念"。

一、POS的概念

POS（Point-of-sale），就是顾客当天走进健身会所未办卡或者办完健身卡以后，私人教练当天进行推荐私教课程的整个过程，简称直接进行面对面销售。

二、当前POS流程中的"强推强卖"现象

当下，越来越多的健身会所都开始流行 POS 流程。毋庸置疑，健身行业如果要健康发展，我们的流程肯定应当要做正确，但很多商业健身俱乐部里面没有把 POS 合理正确、透彻地理解，所以就出现了"强推强卖"的现象。就是说销售课程大多是强迫顾客购买的。我们私教的课程一定是好的，这一点我坚信，但是并不是任何顾客都会选择购买私人教练的课程。因为每个人的需求不一样，有的顾客我们只是让他走进健身会所办一张健身卡，这个对顾客来说也许已经做了很大的努力，也是对他日常生活、工作的挑战，并且对他的生活质量已经有了很大的提升了。也有的顾客走进健身会所以后，他完全了解私人教练，也知道收费标准，但是就不想立即购买，这样的顾客也是很多的。究其原因，不外乎以下几种情况：有的顾客可能想要对私人教练有一个适当的了解，这个了解的过程是需要一定时间的，有的顾客可能需要一周，有的顾客可能需要一个月，有的顾客需要两三天，总之都有一个过渡期。顾客的内心有一个思考的过程，他需要把自己的心结都打开才会去购买私教课程，一般不会在我们讲完私教课程如何值得购买之后，顾客就会马上决定购买，并且是必须购买。让我们想象一下我们到外面购物消费，我们看了一件商品之后对它有兴趣，也做了一定的了解，但不代表我们现在一定就要购买。众所周知，我们购买任何东西都不喜欢被强推强卖，而是喜欢自愿

购买，买不买取决于我自己。作为私教来说，对顾客讲到位就可以了。但是，现在很多俱乐部里面存在"过于逼单"的现象，就是"逼单"太狠了，导致顾客对私人教练产生反感。这种现象在许多一线城市表现得特别明显和突出，比如顾客在健身时会有许多教练去服务他，导致顾客都很反感，有很多顾客当即表示不需要教练的服务了。主要原因就在于教练上来就跟顾客谈私教课程，而不是真正地发自内心为顾客提供帮助和服务。如果在这些俱乐部里已经形成了这样的氛围，那就容易直接让里面的顾客有抵触情绪了，并且使顾客形成了习惯性的抵触情绪。在这种情况下，即使有的教练真的想为顾客提供服务和帮助，顾客也都是排斥的。在上海，我从工作室出来以后到一家非常知名的俱乐部工作的时候，感触颇深。在我去做场开的时候，我发现这种现象非常普遍。其实我是真心想帮顾客的，但是由于长期以来俱乐部形成的这种非良性的氛围，导致顾客总是对我说，"我不需要，谢谢"。这就是在以往的工作流程中，教练简单跟顾客沟通几句之后，就要求顾客购买私教课程然后"逼单"形成的恶性循环，从而形成这种不正常的局面，这种"逼单"做法显然不是我们做 POS 的初衷。

三、合理利用POS流程的方法

上面我讲到的 POS 流程中"过于逼单"现象已经在顾客中造成了不良影响，那我们怎样才能合理利用 POS 呢？怎样才能把 POS 的流程做得更到位呢？首先我们要清楚为什么我们为顾客办完卡之后当天就要为他做体测？为什么给他讲解私教课程？对于这些问题，我们私教应当弄清楚。

（一）要清楚为什么为顾客办完卡之后当天就要做体测

最主要也是最关键的原因是这个顾客有可能在我们下一次邀约他的时候，不一定有时间，并且有可能错失了这个机会我们下次就很难再把他邀约过来；第二个原因是让顾客知道会所里有教练为他进行服务，他也会知道接下来哪位教练为他服务，我们当天见到他总比隔天打一个陌生电话邀约他要好吧。我们不管顾客今天做不做测试，教练一定要认识这个顾客，并且一定要介绍一位教练给这位新入会的顾客认识。一定要留下微信联系方式，以便于我们接下来能够进一步深层次地了解顾客，同时也让顾客逐步了解我们的最新信息和动态，从而使微信朋友圈发挥一个沟通平台的作用。

（二）为什么给顾客讲私教课程

为什么给顾客讲私教课程？主要是向顾客宣传私教的价值和理念。我们在为顾客做体测的时候，积极向顾客宣传私教的价值、私教的理念，或者向他介绍一些下一步来会所健身的时候他身体变化的明确数据，这样能够给顾客一个运动的期望值、标准值。这样的话，顾客接下来就会知道他的身体哪些数据是要改变的，他走进健身俱乐部里面会知道哪些运动项目是不适合他的，哪些项目是适合他的；当他来会所健身之后，经过阶段性的训练，他的身体会产生哪些较好的健身效果。在这种情况下我们需要推荐我们的私教课程，我们要阐述私教课程的价值。我们阐述完毕之后，我们以一个专家的身份、顾问的姿态，给顾客一个选择。例如我们可以这样说："先生，我建议给你的身体做一个方案，根据你现在的身体情况，你一定要选一个私人教练才行。"我们把方案给他了，他自己选不选择是他自己的事情，他有顾虑我就帮他解决完。但是，有的顾客还真的需要一点时间、一个思考的空间，在这种情况下我们要适当给他时间考虑，而不是急于当天成交。因为顾客其实已经成为我们的顾客了，我们根本不用担心他会跑掉，这是健身教练的优势，为什么呢？因为顾客既然来到健身会所肯定明显地存在需求，私人教练是在室内开发，顾客早晚会找我们的，这比一般的销售人员在外场开发要容易得多，所以对教练来说只要做好自己应当有的服务，我敢保证你的业绩不差。

（三）要有"一切以顾客为中心"的服务意识

我们服务行业最重要的核心竞争力是什么？是以盈利为中心，还是以顾客为中心，这两种选择产生的结果是截然不一样的。对我们健身行业来说，最关键的是我们有没有那种"以顾客为中心"的服务意识。这个问题的命题范围较为宽广，这是当今我国大环境存在的问题，而不只是健身行业独自存在的。因为健身行业是一个新兴产业，正处于发展期，我们需要完善的东西很多。当然，我们健身行业完善得越快越好。对于我们私人教练来说，具备一种服务意识是非常关键的，只要我们向顾客提供了足够使他购买课程的理由，顾客肯定会购买的。许多顾客都是我们教练跟进出来的，为什么健身俱乐部里面大多数情况下很多顾客不愿选择教练呢？就是因为目前我们健身俱乐部里面的服务体系不够完整。我可以这样说，多数的健身俱乐部里一般都没有一个完整的服务体系，很多俱乐部几乎是以会所为中心而不是以顾客为中心，这是当前我国绝大多数健身俱乐部都存在的问题。也就是说，不是以用户体验为中心，而是以自己健身俱乐部的运营为中心。显而易见，健身俱乐部顾客的流失率是很高的。所以，我们会看到一个现象就是：健身会所一方面在不断地开发顾客，另一方面又在不断地流失顾客；然后又不断地再开发，又不断地再流失，从而形成这样的一个"怪圈"。对于俱乐部的顾客来说，真正养成每周两到三次、一个月有个七八次健身的、第二年会主动续卡的顾客，比例非常少。出现这种情形的原因就是我们没有建立一个完善的顾客服务体系；而给顾客一个完善的服务体系是我们俱乐部应该做的重要事项。我们可以观察一下，不管是国内的还是国外的公司，能够做到世界前列的，他们的用户体验和服务都是做得非常好的。

之前有新闻报道，一些健身会所为了成单，把顾客逼得几乎疯了，要求顾客今天必须购买，否则就不能离开；要求顾客今天必须刷卡，如果不刷卡就不放人走；或者让家人送钱过来等手段逼单，在顾客心中造成了很不好的影响。被 POS 逼坏的负面信息很多，受到影响的顾客不在少数，尤其是在一线城市一些大型的商业俱乐部里面，这种情况是比较严重的。逼单逼得太过，这样做只会对俱乐部里的瞬间业绩有帮助，可能会有一个业绩的"爆发点"：例如原本这家店是只能做 20 万的，用这种方式可能做到 80 万，长久来说效果却是难以恭维的。在经营中，我们应更关注能否"持久"，两年、四年、十年能够不断地有基础顾客，这个基础顾客不是现在的顾客量，而是铁杆粉丝，他们能永久支持我们。即使我们周围有比我们环境更好的俱乐部，这些铁杆粉丝也不会离开我们。因为在我们这里已经为铁杆粉丝养成了消费习惯，他们对我们有情感的依赖，他们到我们这里来能够享受到应该有的服务和健身的乐趣，等等，这些才是我们健身教练应该思考的重要问题。一个顾客走进健身会所以后，我们应当想方设法地去满足这个顾客的要求，围绕以顾客为中心的理念不断满足顾客的需求。例如国内、国际知名企业——华为，有句很重要的话，"屁股对着领导，眼睛才能看着顾客"；马云也曾说，"顾客第一，员工第二，股东第三"。他们的共同点都是以顾客为中心。几乎所有知名企业的企业文化都是贯彻"以顾客为中心"的理念的，因此对我们私人教练来说，我们是健身行业的一分子，我们应该思考的是为了让顾客满意，我们如何优化服务流程，建立一个非常好的服务体系，能够让顾客在我们会所体会到健身的快乐，业绩则是顺其自然的事情。其实，销售是一个水到渠成的过程，而不是在某个环节做得非常好就可以提高销售业绩了，只要服务流程走对了，成交则是早晚的事情。在这里我还是建议我们很多的健身教练学习一下海底捞服务顾客的例子，我们可以借鉴海底捞以顾客为中心的服务经验，融会贯通，提升我们健身行业的服务水平和质量。

总之，当前我国的健身POS的出发点多是以提升业绩为目标的，没有站在产品品牌推广的长远目标基础上实施"以顾客为中心"的服务理念，也就是说，POS没有抓住服务的根本，暂时的营销业绩最终带来的是顾客资源的流失以及健身爱好者对私人教练的负面印象。因此，POS应当以顾客为中心作为服务理念，让顾客在会所得到很好的健身训练，并且有很好的健身体验，这才是真正的营销经营之道。

思考

马云说："顾客第一，员工第二，股东第三。"这句话你是怎样理解的？

_____

_____

_____

经典重现

POS 应当以顾客为中心作为服务理念，让顾客在会所得到很好的健身训练，并且有很好的健身体验，这才是真正的营销经营之道。

第九章
了解顾客的心理

"了解顾客"在各个经济实体的经营中已经变得越来越重要，我们私人教练从事的健身行业也是如此。当今健身行业的竞争日趋激烈，"了解顾客"则是我们健身行业必须把握的关键。

怎样才能更好地了解你的顾客呢？在这一节，针对这个问题我和大家共同分享一下成功经验。

一、像顾客一样思考

（一）洞察顾客的心理

我曾亲身经历过这样一次拜访：

作为随访训练的教练，我陪同某企业的一个销售代表前去拜访一位重要顾客。按照销售流程，销售代表应在完成礼貌的寒暄后，开始介绍公司的商品和服务。当销售代表正按照以上的流程操作时，我明显看到那位采购经理的视线已经转移到了样本资料的后面几行。也就是说，他最关心的重点是"为什么我要买你的东西"这个问题。可是，我们的销售代表还在津津乐道地按照流程介绍着，浑然不觉对方的想法。

结果可想而知，那位采购经理打断他的谈话，说了句："知道了，有需要时，会跟你联系！"

毋庸置疑，这样的销售拜访几乎是一次一无所获的旅程。要想成为一名卓越的私人教练，无论是探讨顾客的需求还是向顾客介绍课程，都要注意一点，就是洞察顾客的心理，根据顾客的心理变化调整成交方式。在与顾客的交流中，私人教练要从顾客的心理变化中确定，眼前的这个顾客究竟对课程计划的哪个突破点最感兴趣，而哪个突破点对他而言是可有可无的。要不然，就会像上面案例中的销售员一样，被顾客突然拒绝还不知道问题出自哪里。要想做到这点，私人教练就要根据顾客的心理变化来提问，学会问"有效的问题"。在介绍课程和健身计划时，懂得信息的"有效呈现"；顾客心理发生变化了，要果断调整介绍的重点，切合顾客的心理需求，这样才能使每次成交沟通都会有所收获。可以说，谁懂得洞察顾客的心理，谁才能真正把握顾客的内心，从而获取顾客的青睐。

美国著名的思想家、文学家爱默生身上曾经发生过这样一个有趣的故事：

一天，爱默生和儿子想把一头小牛弄进谷仓里。爱默生用力推，儿子用力拉，但是那头小牛也正好和他们一样，只想到自己所要的，所以两腿拒绝前进，坚持不肯离开牧草地。有个爱尔兰妇女见了，虽然她不会写什么散文集，却比爱默生更懂得"牛性"，她把自己充满母性的指头放进小牛嘴里，一面让它吮吸，一面轻轻地把它推入谷仓里。

那么，这个爱尔兰妇女为什么成功了呢？道理很简单，她很清楚那头小牛心里最想要的是什么。也就是说，只要能够满足其需求，无论对方是人还是小牛，都会乖乖听从你的调遣。这方法绝对值得你牢记心头。

本书将大量分析此类案例，希望我们私人教练能够意识到，心理知识对成交的重要性。在成交顾客过程中，一定要探寻和研究顾客的心理，因为只有充分了解顾客的购买心理，懂得对顾客进行心理分析，才能提高成交的成功率。

（二）顾客的消费心理分析

有经验的私人教练一定会有这种体会，所有的顾客在成交过程中都会经历一系列复杂、微妙的心理活动，包括对课程价格问题的一些想法及如何与你成交、如何付款、订立什么样的支付条件等，而且不同的顾客心理反应也各不相同。在此，我将顾客的消费心理作一次完整的归纳，希望能给广大私人教练一些参考。

从心理学的角度看，在交易中顾客的心理主要有以下几种：

1. 求实心理

这是顾客普遍存在的心理动机，在成交过程中，顾客的首要需求便是课程能给他带来实实在在的健康。有这种动机的顾客特别重视课程的实用性和有效性。

2. 求美心理

爱美之心，人皆有之。有求美心理的人，喜欢追求健身带来的形体美，以中青年妇女居多，在经济发达国家的顾客中也较为普遍。具有此类心理的人，女性在定制课程时较多地注意健身带来的身材苗条的形体，男性多关注通过健身能练就一身有型的肌肉。

3. 求新心理

有的顾客购买健身课程意在追求"时髦"和"奇特"，喜好赶"潮流"。这种类型的心理，在经济条件较好的城市中的年轻男女中较为多见。

4. 求利心理

这是一种"少花钱多办事"的心理动机，其核心是"廉价"。有求利心理的顾客，在选购课程时，往往要与其他俱乐部的课程价格进行对比，对价格差异进行仔细的比较，还喜欢选购打折课程。具有这种心理动机的人以经济收入较低者为多。当然，也有经济收入较高而勤俭的一类人，他们很喜欢我们的课程，但由于价格较贵，一时下不了购买的决心，便讨价还价。

5. 求名心理

这是以一种显示自己的地位和威望为主要目的的购买心理。他们参与健身，以此来炫耀自己。具有这种心理的人，普遍存在于社会的各阶层。

6. 仿效心理

这是一种从众式的购买动机，其核心是"不落后"或"胜过他人"。他们对社会风气和周围环境非常敏感，总想跟着潮流走。有这种心理的顾客，购买课程往往不是出于急切的需要，而是为了赶上他人、超过他人，借此以求得心理上的满足。

7. 偏好心理

这是一种以满足个人特殊爱好和情趣为目的的购买心理，有偏好心理动机的人，往往专注于健身带来的生活情趣等方面，因而偏好性购买心理动机也往往比较理智，指向性也比较明确，具有经常性和持续性的特点。

8. 自尊心理

有这种心理的顾客，在购买课程时既追求健身的目的，又追求精神方面的享受。他们在购买课程之前，就希望其购买行为受到私人教练的欢迎和热情友好的接待。如果教练接待的不够热情,就会使这类顾客感到没有受到尊重,于是放弃成交签单,而到别的会所、工作室寻找受尊重和礼遇的感觉。

9. 疑虑心理

这是一种瞻前顾后的购物心理动机,其核心是怕"上当吃亏"。这类人在购课的过程中,对健身课程的效果持怀疑态度。因此,他们会反复向私人教练询问,直到心中的疑虑解除后,才肯掏钱购买课程。

10. 隐秘心理

有这种心理的人,购买课程时不愿为他人所知,常常采取"秘密行动"。他们一旦选中课程,而周围无旁人观看时,便迅速成交。年轻人购买课程时常有这种情况。

可以说,顾客的心理对成交的数量甚至交易的成败,都有至关重要的影响。因此,优秀的私人教练都懂得对顾客的心理予以高度重视。可以这么说,掌握了顾客心理,就好比掌握了课程成交的钥匙。

(三)充分地换位思考

我在对私人教练进行销售技巧培训前,都要求他们做一次充分的换位思考,让私人教练自己做一回顾客,切身体会一下,如果自己是一个顾客,会喜欢什么样的私人教练、会讨厌私人教练的哪些行为。坚持一段时间之后,效果很好,很多私人教练都表示,做课程销售那么多年了,终于尝到了"一顺百顺"的滋味。

不错,很多私教都遇到过这种顾客,见面后异常热情,甚至称兄道弟,一到关键时刻不是要"考虑",就是"我很忙,过些日子再说"。问题出在哪里?台湾经营之王王永庆创业的故事很值得我们私人教练深思:

王永庆15岁小学毕业后,到一家小米店做学徒。第二年,他用父亲借来的200元钱做本金自己开了一家小米店。为了和当时的日本米店竞争,王永庆颇费了一番心思。

当时大米加工技术比较落后,出售的大米里混杂着米糠、沙粒、小石头等，顾客虽有怨言却也无可奈何。王永庆发现这个情况后，每次卖米前都把米中的杂物挑拣干净，这一额外的服务深受顾客欢迎。另外，王永庆卖米多是送米上门，他在一个本子上详细记录了顾客家有多少人、一个月吃多少米、何时发薪等。算算顾客的米该吃完了，就送米上门，等到顾客发薪的日子再上门收取米款。

他给顾客送米时，并非送到即止。他会先帮人家将米倒进米缸里；如果米缸里还有米，他就将旧米倒出来，将米缸刷干净，然后再将新米倒进去，将旧米放在上层，这样米就不至于因陈放过久而变质。他这个小小的举动令不少顾客深受感动，忠诚度大大提高。

从这家小米店起步，王永庆最终成为今日台湾工业界的"龙头老大"，被誉为台湾的"经营之王"。后来，他谈到开米店的经历时不无感慨地说："虽然当时谈不上什么管理知识，但是为了服务顾客做好生意，就认为有必要掌握顾客需要，没有想到，由此追求实际需要的一点小小构思，竟能作为起步的基础，逐渐扩充演变成为事业管理的逻辑。"

同样是卖米，为什么王永庆能将生意做到这种境界呢？关键在于他用了心，做了充分的换位思考。他不仅用心去研究顾客的需要，还用心去研究顾客这种需求背后的心理，并挖掘出顾客更深层次的需求。他只比别人多做了一步，却成就了一番伟业。

戴尔·卡耐基成功后，在总结自己成功经验的时候，经常讲述这样一段故事：

卡耐基在夏天的时候去缅因州一带钓鱼。他很喜欢吃鲜奶油草莓，所以便用鲜奶油草莓来当诱饵。但他发现鱼并不上钩。于是，当他下次再去钓鱼的时候，他放弃了用鲜奶油草莓当诱饵的做法，而是用虫和蚱蜢，然后他向鱼说："你们要不要尝尝看？"

在我们平时的生活中，想要他人为你做些什么，首先就要了解他们的需求，而我们私人教练要做的，不仅仅是了解顾客的需求，还要把握顾客需求背后的心理根源。角色扮演、换位思考的目的是什么？很多教练都会回答："了解顾客的需求。"不错，上述训练的目的是了解和把握顾客的需求，但是如何才能了解顾客的需求？需求，一定要从心理入手，才能得到你要的答案。

对于私人教练来说，从顾客的需求出发，而不是从自己的课程出发，是非常重要的。要想成为一名成交高手，就要永远把自己放在顾客的位置上，探寻顾客所有表现的背后心理，无论是成交还是拒绝。你要明白，如果你是顾客，你希望怎样被对待？你认为钱值不值得花？你遇到问题如何解决？只有设身处地地为顾客考虑，才能得到最准确的答案。

（四）顾客关心的只有自己

心理学家曾经做过这么一个实验：

他们让一位大学生穿上一件名牌 T 恤，然后进入教室。该学生事先估计会有大约一半的同学注意到他身上的名牌 T 恤，但是最后的统计结果却出乎很多人的预料，只有23%的人注意到了这一点。

这个实验说明，我们总认为别人对我们会倍加注意，但实际上并非如此。由此可见，我们对自我的感觉的确占据了精神世界的重要位置，我们往往会不自觉地放大别人对我们的关注程度，而且通过自我的专注，我们会高估自己的突出程度。在心理学中，这种现象被称之为"焦点效应"。这是人类的普遍心理，也是心理学中所公认的一个事实，人都是以自我为中心的。其实，这在课程销售中也是非常常见的。

你应当明白，每一位顾客都是唯我独尊的，他们永远是为了自己的利益而购买，而不是因为你的原因去购买。如果想和一个顾客成交，就应该善于利用顾客心理上的焦点效应，不仅仅要以顾客为中心去寻找他的需求，然后满足其需求，还要让顾客在整个过程中感受到被重视、被关怀。

让我们来看这样一个例子：

甲、乙两个私教与同一个顾客沟通推荐课程。甲与这位潜在顾客沟通时，滔滔不绝地介绍自己的健身课程是多么的好，如果不购买的话会多么的可惜，结果这位潜在顾客毫不客气地打断了甲的介绍，说："不好意思，先生，我不需要，因为它不适合我。"甲只好很尴尬地说抱歉，顾客转身离开。

而事实上，很多私教总是一味地关心自己的课程是否能卖出去，一味夸赞自己的课程多么优质，而不考虑是不是适合自己的顾客、顾客喜不喜欢。这样给顾客的感觉就是你只关注自己的课程销售，只注重自己能赚多少钱，而没有给他以足够的关心和重视。顾客的"被重视"心理需求没有得到满足，自然也就很难接受你的课程。

私人教练乙见到这位潜在顾客时，却是另外一种状况。见到顾客时，边和顾客闲聊边观察他的健身动作，在旁耐心地纠正他的健身动作，及时给予帮助和指导，细致地了解他的健身需求，给了他一些很好的健身知识。不仅如此，乙在向顾客介绍自己的课程时，首先询问了顾客需要什么特点的健身课程，而且还仔细地为顾客分析课程能够给顾客身体健康带来多少潜在的好处。最后乙并没有把自己的课程推介给顾客，而是说俱乐部最近会推出一个新课程，特别适合顾客的要求，希望顾客能够等等，过段时间再来。

顾客非常感动，不仅仅是因为私教乙，更是因为私教乙所说所做都是从自己的立场出发，为自己考虑了很多。顾客感受到了乙的真诚，乙得到了顾客的信任，当然就有可能成交。

从心理学的角度看，我们这种重视自我的心理主要包含两层含义：自己对自己的关心和保护，希望得到别人的关心和重视。

（五）任何人都希望得到别人的关心和重视

不要怀疑，在私教成交顾客的过程中，所有的顾客都具有这样的心理。他们会特别注重课程对于自身的价值，同时也希望得到私教对自己的关心和重视。如果课程很好，私教对自己表现出了足够的重视，那么顾客就会很乐于购买课程。

在一次大型食品展销会上，一家食品公司的展位非常偏僻，参观者寥寥无几。公司负责人急中生智，第二天他就在展会入口处扔下了一些别致的名片，在名片的背面写着"逛展会饿了吧，我们的展位为大家准备了免费零食和水，以及休息的座位"。结果该展位被包围得水泄不通，并且这种情况一直持续到展销会结束，当然迅速带来的人气也为这家公司带来了不少生意。

这家公司之所以在展销会上取得了成功，为公司带来了巨大利益，原因就在于了解并重视了人们的普遍要求，并为这些需求提供了解决方案。

私人教练也一样要善于观察和分析，通过顾客的表现抓住其心理的本质，毕竟把握好顾客的心理才是终极的制胜法宝。因此，私人教练要想提升自我，便要多了解一些相关的心理学知识。要知道，让顾客满意的根本是让顾客感觉到私人教练对他的关心和重视，感受到私人教练是在为他谋利益，而不仅仅是为了获得他口袋里的钱，这样才有助于消除彼此之间的隔阂。私人教练只有真诚地为顾客考虑了，让顾客感受到关心，顾客才会购买你的课程，甚至和你建立长期的伙伴关系。

（六）把顾客当成自己的朋友

在生活中，朋友意味着真诚，意味着信赖。朋友就是那个在自己困难时给自己指明方向、提供选择的人，在私人教练与顾客之间也是如此。全球畅销书《销售圣经》的作者、著名销售专家杰弗里·吉默特曾说过这么一句话："人们更喜欢从朋友而不是从销售员那里买东西！"换位思考能让我们明白顾客真正需要的是什么。就如前文中提到的，要想钓到鱼，就要像鱼那样去思考。聪明的私人教练要树立一种把自己当成顾客朋友的心态。

我在为私教培训时经常提到这样一句话："私教在成交过程中要时刻谨记，把顾客的钱看成是自己的，把顾客的事情当作自己朋友的事情，要慎重从事。"每一位顾客都渴望从私教那里得到关心和重视，渴望得到适合自己，并能给自己带来实惠的课程。但不同的顾客，因为其经历各不相同，导致其谈论的话题、爱好、希望有所不同。那么怎样才能成为顾客真正的朋友呢？

要把顾客当成你的朋友或亲人，就要在真诚服务的心态下，努力将自己塑造成为一位善解人意的聆听者，成为一位专业的建议者。

说了这么多，你应该能够感悟到，成交顾客的过程其实就是一个人性相互影响和作用的过程，是一个人与人之间复杂而微妙的沟通过程。顾客不但要在理性上看到我们的课程能给他们带来的好处，还要在感性上接受私人教练这个人。而只要你能成为他的朋友，就可以很容易地实现这一点。

所以，在成交顾客中要把顾客的因素考虑周全，你给顾客一撇，顾客就会很自然地给你一捺，因此便能形成个"人"。

二、了解顾客的购买价值观

顾客向不向你购买课程都是为了满足其背后的某些需求，但在众多教练中选择哪一个，就涉及顾客的购买价值观了。那么，怎样满足顾客个性化的潜在需求呢？从心理学的角度来看，很多人购买我们的健身课程计划都只有两个目的：一是追求快乐；二是逃离痛苦。而作为私人教练，我们的工作就要从心理学角度出发，让顾客明白：购买我们的课程计划能获得快乐或更多的价值，同时消除他们认为购买课程计划所可能遇到的风险或损失。熟知销售心理学的人清楚，顾客买的永远是种感觉，而不是课程计划本身。只要能满足他们的这种感觉，他们就会爽快购买的。

所以说，要想成为顶尖的私教，必须要知道顾客购买你的课程是想满足哪些背后的感觉，进而适时调整课程的介绍方式，以满足顾客的购买价值观。

三、智慧推荐

从以上几种顾客心里出发，将顾客的回答对号入座，统一整理，很快你就能了解到顾客的购买价值观。如果顾客回答得不明确或者暂时无法沟通，私人教练可暂时搁置但不应放弃，一定要另外寻找合适的时机，以恰当的方式再次提出，直到得到明确答案为止。

要知道，人们做任何事都是为了满足其不同心理需求，当心理需求得不到满足时，内心就会处于"饥渴"状态，迫切地希望能够通过各种途径得以弥补。而这种心理需求正好给私人教练成交顾客带来了一个很好的突破口，私人教练可以利用顾客这一心理，巧妙地促使顾客购买自己的课程计划。聪明的私人教练在面对顾客渴望被重视的情况下，有时候会故意先向他推荐价格较低的课程计划，结果顾客渴望被重视的心理需求没有得到满足，他反而会购买价格较高的课程计划，以得到私人教练的重视。这时私人教练再加上几句"你真是好眼光""这个课程计划最适合你不过了"等赞美的话，顾客会更加高兴地付钱。

四、不要把顾客当笨蛋

有很多刚刚从事私教时间不长的教练，在向顾客介绍课程的过程中，似乎很担心顾客听不懂他所讲的，而不断地问："你懂吗？""你知道吗？""你明白我的意思吗？"他可能真的是在为顾客着想，希望能更好地介绍自己的课程，但是他忽略了一个很重要的问题，这种疑问甚至是质问，很容易给顾客带来一种被质疑的感觉。从心理学来讲，一直质疑顾客的理解力，顾客的第一反应就是不满，感觉受到了轻视，逆反心理马上会随之产生，一旦造成这种结果，还谈什么销售？

（一）认真对待你的顾客

先让我们来看另外一个案例：

张小姐想要购买一台空调，但在看到价格后脸色变得十分难看。这时，站在一旁的销售员小李注意到张小姐的脸色变化，上前向其说道："小姐，我们的空调是采用最先进的技术，质量绝对有保证，并且与其他牌子的空调相比，我们的商品更省电，用电量只有普通挂式空调的一半，虽然价格略微贵点，但是每个月能为你省下不少电费呢。"张小姐听完之后，脸色缓和了很多。小李观察到这个变化后继续说道："我们的商品保修期很长，如果你购买了我们的商品，我们将免费为你维修并不收取任何服务费用。其他品牌的商品虽然一般也不要维修费，但是需要付服务费，这服务费也是一笔不小的开支啊！"听完小李的描述，张小姐略微思索了一下便决定购买这款空调了。

大家应该注意到，在这个销售过程中，销售员小李并没有深入地向顾客介绍商品优势、核心技术之类的信息，而是从心理上抓住顾客最关注的点，态度诚恳地介绍此商品是如何的省钱，从而赢得了顾客的信任，最终顺利成交。

同样，作为一名私人教练，你为顾客着想最为实用的一点就是能够为顾客提供附加价值和更加省钱的方案，这样你才能受到顾客的欢迎。要时时刻刻为顾客着想，站在顾客的立场上看待问题，帮顾客思考怎样才能够省钱，然后才是自己的利益。其实这样想并不矛盾，因为当顾客非常信任你之后，才有可能刷卡购买你的课程计划，在多次成交之后，你从中获得的利润要比"一锤子买卖"大得多。因此，我们与顾客之间的关系不是对立的，也不是此消彼长的，而应该是互利的。在进行课程推介时，作为私人教练，你一定要从长远的、发展的角度着想，认真对待你的顾客，诚心诚意、亲切友好，这样才能使彼此之间的交流更加融洽。

（二）你应注重的言谈举止

在生活中，我们可能会遇到各种各样的"被推销"，我们已经习惯于快速接触、快速抉择。在这种销售节奏中，人们已经学会从销售员的言谈举止等行为表现，来定位你推荐的课程、你所在企业的价值观和文化理念。很难想象如何让顾客接受一个礼数不周或让人产生反感的教练所推销的课程。分析那些顶尖私人教练的成功经验，我们会发现他们很多成功的诀窍并不是那些强而有力的说辞，也不是那些独到的顾客成交谋略，而是他们在与顾客接触中言谈举止之间散发出来的真诚与风格。根据我的工作经验，私教应从下面几个方面入手注意自己的言谈举止：

说话要真诚；

给顾客一个购买的理由，要让顾客为购买你的课程而万分高兴，认为花钱是值得的；

让顾客知道不只是他一个人购买了这个课程；

以最简单的方式解释课程，不要在顾客面前夸夸其谈；

一定不要自以为是，以为自己什么都懂，把顾客当成笨蛋；

让顾客觉得自己很特别，顾客需要人格的尊重，需要你给他信心；

注意倾听顾客的话，了解顾客的所思所想；

你能够给顾客提供什么样的课程计划，请说给顾客听，做给顾客看；

不要在顾客面前诋毁别人；

巩固关系在八小时之外。

你在面对顾客时，你的行为举止是否符合顾客的期待，将决定他能否从心底里接受你。如果能够做到以上几点，思顾客所想，真诚对待你的顾客，顾客就会自然而然地感受到你的真诚，无疑会增进彼此之间的信任，这样同顾客之间的关系也将更加稳固，课程推介也会更加顺利。

私教与私教之间情况都相差无几，只不过那些成功的私人教练善于从心理学的角度分析每一个顾客。他们态度诚恳、自然，无论面对什么样的顾客，都会从内心充满着尊重，并且善于通过言行举止让顾客感觉到这种尊重，让他们在心理上得到极大的满足，从而赢得顾客的信赖，结果自然就会促成成交顾客。

（三）决定课程销售成败的30秒

当今世界推销训练大师汤姆·崔普金斯曾说过："顶尖的销售人员在进门的那一瞬间，就可分辨出来。"这就是心理学中所说的"首因效应"。"首因效应"是指在人际交往中，我们对他人的第一印象。第一印象不管正确与否，总是鲜明的、牢固的，往往左右着对对方的评价。我们在生活中通常根据第一印象将他人归类，然后再根据这一类型人的普遍特点对此人加以推论、做出判断，面对私人教练时也是如此。通常所说的"先入为主"，便是这个意思。对任何一名私人教练来说，成交与否很大程度上取决于与顾客最初接触的30秒。如果不能在30秒的关键时间内消除顾客对你的疑惑、警戒和紧张心理，接受你的沟通的提议，即使你再努力，也很难得到理想的结果。心理学家研究发现，第一印象一旦形成很难改变，甚至可以保持七年之久。因为一旦形成第一印象后，每个人都会自然倾向于找更多的证据来确定他们形成的结论，而不会去找证据来反驳它。现在，人们的生活、工作节奏越来越快，当你在约见顾客的时候，顾客是没有太多的时间去了解你的，他对你的感觉和认知都是通过短暂的接触来确定的。"以貌取人"，已经成为私教必须接受的事实。

在销售行业中，有一个流传很广的比喻：顾客的心就像快干的水泥，从他见到你的一刹那，就开始形成印象，并长久烙印在他心上。不管你是否愿意，第一印象总会在以后的决策中起着主导的作用。心理学家认为，形成第一印象的时间只有 30 秒。也就是说，从顾客看到我们私人教练的那一刻起，顾客会在短短的 30 秒内对面前的这个人做出一个全方位的判断。在这 30 秒的心理博弈中，顾客最大的压力就是唯恐做出错误的判断，购买了不理想的课程计划，而私人教练的压力在于如何迅速建立起顾客的信任感。因为在这么短的时间内，私人教练能够展示的只有自己的仪表和态度，其他的几乎都来不及做。

所以，为了给顾客留下这"瞬间的辉煌"，你必须从下面几个方面入手。

1. 得体的仪表

著名作家马克·吐温曾说过：服装建造一个人，不修边幅的人在社会上是没有影响的。第一印象会给顾客一种直觉，使他认为面前的这个人是否可信。当你出现在顾客视野中时，顾客首先看到的便是你的仪表。如果私人教练穿着不当，顾客的注意力就会一下集中在你的服装上，他就会想："这个人连穿着都不注意细节，他的课程真的会有那么好吗？"我们都知道这种以貌取人是不对的，但从心理学的角度看，任何人都免不了以貌取人。

要知道，无论是在工作还是在生活中，你的服装无时无刻不在帮助你与人交流。你在穿上服装之前应先想一想，你要给顾客展示一个什么样的形象和个性。对一个追求职业成功的私人教练来说，你穿着的第一目的不应仅是为了自己的舒适，而是创造一个你渴望的、有利于事业成功的形象。一位知名的形象专家说过："形象如同天气一样，无论是好是坏，别人都能注意到，但却没有人告诉你。"服装是自我展示和表现成就的工具。我们在购买任何一种商品的时候，都喜欢和有经验并很优秀的人交流。因为他们会给我们提供更好、更有价值的建议，而得体的仪表恰恰能给人的心理带来信任和专业的感觉，因此，我们私人教练约见顾客之前，一定要在个人形象上做好充分的准备。一定要在镜子前检查一下：头发是否整齐，衣服是否有褶皱、裤子是否有印痕、鞋子有没有擦亮、身上有没有异味、牙齿是否洁白、脸上有没有成功的自信和轻松的微笑、自己像不像最优秀的私人教练、所有关于课程计划的资料是否准备齐全，一个立志于在私人教练领域取得成功的专业人士，一定要养成这样良好的职业习惯。

具有多年经验的老教练都知道，每次成功成交顾客的概率和前期准备的程度基本成正比，每个细节的疏忽都可能造成谈业务的败局。除了仪表得体外，在约见顾客时，你要表现出自信、干练、专业、可以信赖的职业形象。要刻意地修正你的站、坐、行、走。比如姿势，无论你站着或坐着的时候，都要注意保持姿势笔直，举手投足之间要充满自信和活力。而职业的体态和动作是可以通过专门的训练实现的。比如，当你起身迎向顾客的时候，假想身后有条绳从头顶拉住你的身体，让你的头部抬高，身体垂直吊在脖子下面。经常练习这种姿势，久而久之，你就会发现自己在走路及坐下的时候都非常挺直。

2. 良好的心态

世界寿险推销高手弗兰克·贝格说："我一直深信热忱是销售成功的最大要素，也是唯一要素。"不错，什么样的心境，就会做出什么样的行为，从而产生不同的结果。所以，私人教练要想取得最好的效果，在短短 30 秒内给顾客一种专业、自信的感觉，一定要把自己调整到最好的状态，给顾客最好的感觉。

我在一些俱乐部培训时，许多私人教练都问我，说他刚做私教，对这一行业了解得还不够多，在面对顾客时如何做到自信满满？对此我的回答是：回想、模仿、成习惯。其实这是一种自我生理、心理的主动调节。做这种训练时，你要多回想：当你充满自信的时候，你是怎么站着的？走路的姿势是怎样的？开口的第一句话经常说什么？当时的脸上是什么样的表情？语调有多高？只要能找到当时的生理状态，就能找到你要的心理状态，这时你就会有"自信满满"的心境。在以后的成交中，有意地去"调出"这种状态，多多模仿当时的状态，习惯成自然，便可游刃有余。行为是心境的反映。当一个人心情愉悦、神清气爽的时候，见到每个人都很喜欢，做每件事都很顺利：

当一个人心情郁闷、心浮气躁的时候，事事不顺，处处碰壁，本来很容易成交的顾客，却出乎意料地离你而去。

因此，情绪的掌控能力对于私人教练来说至关重要。从心理学上讲，情绪是一种复杂的心理状态的组合，也是一系列心理状态变化的集中体现。而对于情绪，我们每个人都是可以掌控和及时改变的。只要你愿意调整自己，你就能在极短的时间内改变自己的心境。做私人教练每天会接触很多的顾客，这些顾客出身于各行各业，各有特点。有的冷静、有的热情、有的爱开玩笑、有的冷淡、有的喜欢聊天、有的不善言辞。为了适应不同的顾客，你就要及时调整自己，适时表达不同的情绪，才能适应不同顾客的心理特征，满足他们个性化的心理需求。人的心理和生理是互相影响的，改变心境最快的方法就是立刻改变你的生理状态，包括你的动作、表情、姿势、呼吸。只要改变你的生理状态，你就会改变自己的情绪。就拿我来说吧，在见顾客和参加谈判前，如果感觉到自己紧张和不适，这时我会走出办公室，伸直腰杆，挺胸抬头，来个深呼吸，然后做些平时最喜欢做的动作。因为动作改变了，我的大脑便会从我的生理状态上得到机警活跃的信息，于是我便产生了舒适和自信的情绪。

所有的成功皆来源于你的热情。在课程计划的成交过程中，要让顾客始终都能感受到你的热情，而且享受到你的热情。这样你就事半功倍了。

3.打动人心的开场白

好的开始是成功的一半，开场白是私教与顾客见面后 30 秒内要说的话，可以说是顾客对私教第一视觉印象的再次定格。在这里需要注意的是，如果这次会面是你主动提出的，那么你的开场白就更加重要；而如果是顾客主动约见你，你的开场白要根据顾客的开场白而定。

从内容上看，开场白一般来讲包括几个部分：

寒暄、赞美；

自我介绍或问候；

介绍约见的目的；

转向探测需求。

30秒的快速表达，决定了顾客和你沟通的最终效果，甚至影响到顾客最终是否愿意和你成交。如果你的开场白没有引起顾客的注意，那么以后的谈话也很难再引起顾客的兴趣。所以，在见到顾客最初的30秒内，对自己所说的每一句话、每一个字，甚至是语气和腔调都要仔细推敲。心理学上分析，如果销售员不能在30秒的时间内锁定顾客的注意力，顾客的精神就会有些发散，如果任其发展，30秒后顾客就会考虑如何才能从你这里离开，因为他不想再与你浪费时间。

根据多年课程成交实践和培训经验，在约见顾客推介私教课程时，我认为下面几种开场白值得每个私教学习。

（1）提问式开场白

某图书公司的一名销售人员总是从容不迫、平心静气地以提出问题的方式来接近顾客。"如果我送给你一套有关个人效率的书籍，你打开书发现内容十分有趣，你会读一读吗？"

"如果你读了之后非常喜欢这套书你会买下吗？""如果你没有发现其中的乐趣，你把书重新塞进这个包里给我寄回，行吗？"

这位销售员的开场白简单明了，使顾客几乎找不出说"不"的理由。后来这三个问题被该公司的全体销售员所采用，成为标准的接近顾客的方式。

提问式开场白的重点是提问的内容，你一定要精心提炼，并根据顾客的具体情况而定。但无论面对什么样的顾客，你都要确保所提的问题或能激起顾客的兴趣，或能引起顾客的注意力，并尽力做到让顾客印象深刻。

例如："你过来健身对哪些运动项目比较感兴趣？""你参加健身课程的训练想得到什么样的健身目的？"等等。

（2）建立期待心理式开场白

这种开场白的目的是激起顾客的好奇与兴趣，并且能抓住准顾客的全部注意力。你可以这样说：

"你看了我给你做的健身计划以后，一定会感谢我的！"

"我带给你的是一套最具科学性的健身方法。"

"我们俱乐部研发了一套新的能有效减脂的健身方法，被誉为'女神'

速成秘诀。"

"你想得到这样的健身目的，我可以提供更多的帮助。"

这种开场白不管你用哪一句，都会激起对方不自觉的心理反应："哦，到底是什么"或是"是吗？看一下！"。假如对方具有一定购买决定权，他会更想了解你的课程。

（3）以赞美开始

每一个人都喜欢别人的赞美，适度地运用赞美，会达到意想不到的理想效果。当然，赞美应该是适度的赞美，过度的赞美可能会引起对方的反感，甚至会引起别人对你的拒绝。

例如：私教："张总，你真有风度，这么有气场！"

五、帮顾客做笔划算的买卖

有经验的私教都知道，价格对于顾客而言是个很敏感的词汇。事实上，只要提及与钱有关的问题，顾客的心理就会变得敏感起来。课程适合，但价格是否适中对顾客来说非常重要。所以，你在处理价格这个问题时，不仅要懂得价值和价格之间的关系，还要设法了解顾客对课程和价格的心理反应，最终的目的是要让顾客从心里得出这样的结论：私教所说的价格是合理的，这次购买是划算的。

想要让顾客感觉到划算，就要从"提升"顾客的收益心理方面入手，让顾客感觉到"物超所值"。要实现这一点，就要从两个方面入手：从心理学的角度看，顾客面对推销时会有两种心理反应，即希望获益和害怕损失。想要让顾客感到购买健身计划很划算，"物超所值"，你就要找出关键的突破口，从心理上来提高顾客的收益感，降低顾客的投入感。

国内有位著名的销售专家提炼出四种策略，在此我从心理学的角度重新做了整理和提炼，希望能给各位私人教练一些参考。

（一）乘法策略："在顾客的伤口上再撒上一把盐"

关于这一点，和我前面的找顾客的痛点有类似之处。举个例子，如果在课程推介的过程中发现顾客有问题有烦恼需要解决，你不妨试着将这些问题和烦恼放大一些：就好比把同一个数字做几次"乘法"后，就成了一个顾客无法接受的天文数字。此时，当顾客得知只需要一点的投入就可以解决这个天文数字般的痛苦，我们再与其谈课程、谈解决方案，顾客就会有"实在很划算"的感觉了。

我们来看看下面这个课程成交案例。这个案例的背景为一名企业中层女管理人员，私教与顾客之间的对话主要是围绕顾客因工作劳累、身体虚弱、经常生病住院问题展开的。

私教：刚才你提到，你工作太劳累，每年因病请假总计天数达到 90 天，除了医药费可以大部分报销之外，按照你每月 7000 元的工资计算，你每年因生病造成的误工损失达 21000 元。加上家人陪护，家人工资按每月 4000 元计算，因照顾你，家人的误工费达 12000 元。这样每年你因生病住院的误工损失全家高达 33000 元，况且你受的病痛还是用钱无法计算的。（第一次乘法将 7000 元放大到 21000 元。）

顾客：是的。

私教：你今年 40 岁，到 55 岁退休还有 15 年，也就是说，总体损失可能高达 49.5 万元了！（第二次做乘法，将 2.1 万元每年损失放大到 49.5 万元。）

顾客：可以这么说，毕竟这个问题已经存在很长时间了。

私教：顺便问一下，你经常因为身体不好影响单位的工作吗？比如单位的工作进度因你身体的缘故受到影响了吗？（第三次做乘法，将问题引申到工作单位。）

顾客：这当然有影响。

私教：明白了。问题是已经影响到你的公司，公司高层是如何看待的？（第四次做乘法，将痛苦关联放大到公司高层。）

顾客：因我生病住院，耽误了单位上的许多事情，高层虽然不说，但我心里有数，我也想尽快把身体弄好。

私教：嗯，很能理解你的感受。那你准备如何解决这个问题呢？

顾客：以前我们也采取过锻炼身体的措施，但不是很有效，这也正是我和你谈怎么健身的原因所在。

私教：非常感谢你的信任，根据你的问题，我来介绍一下我们的课程。

在这个案例中，私教帮助顾客做了多次乘法，将顾客的问题逐渐清晰化，逐步放大。其中，特别值得我们学习的地方是将问题延伸至高层次，这是属于放大问题对顾客未来的影响，此种方式对在企业中担任中层、晋升空间较大的顾客最为有效。

我们要这样理解这种做"乘法"的方式，就是将顾客的麻烦变成燃眉之急的问题，如果顾客还不能及时将它解决掉，后果将不堪设想。从心理上看，这种方式就相当于我们在顾客的"伤口上再撒上一把盐"，这样顾客的心理就会感觉痛苦不堪，那么赶快寻找解药就成了顾客的必然选择，这样你手上的解药就很容易卖出去了。

（二）加法策略：帮顾客进行利益汇总

"加法效应"，顾名思义，就是将相关因素作一汇总，提升私教课程计划带给顾客的价值感。其中，私人教练要从两点入手：汇总你的私教课程能给顾客带来的利益；累计顾客面临的种种问题。下面还是依据上面的例子，演示一下加法策略。

私教：刚才你提到，你工作太劳累，每年因病请假总计天数达到 90 天，除了医药费可以大部分报销之外，按照你每月 7000 元的工资计算，你每年因生病造成的误工损失达 21000 元，分摊到每个月就是损失 1750 元。加上家人陪护，家人工资按每月 4000 元计算，因照顾你，家人的误工费达 12000 元，每月平均损失 1000 元。这样每月因你生病住院的误工损失全家高达 2750 元。（第一次加法将每月的损失汇总给顾客。）

顾客：嗯，你算的对，我还没有这么算过。

私教：你工作成绩这么好，晋升希望很大，如果晋升一级的话，你的工资每月能拿多少钱？

顾客：高一级的话，每月工资能发 15000 元吧。

私教：看到了吧，如果你的身体健康的话每个月比现在至少多拿 8000 元。

你现在的身体情况，让你错失了晋升机会，光这个每月就潜在损失 8000 元，再加上目前的每月平均损失 2750 元，这样累计每月就是 10750 元！

（第二次做加法汇总，私教将顾客每月损失清晰化，定义为 10750 元。）

顾客：你算的很准确，差不多就是这个损失吧！

私教：也就是说，你每年因身体不好就是损失 129000 元。如果身体状况不改善，15 年后到你退休时损失就是 193.5 万元！

（汇总成一个月之后，趁势利用乘法效应，将所有的损失数字化。）

顾客：可以这么理解，这样算起来到退休我的损失竟然差不多有 200 万元！

私教：是呀，这是按照你目前的身体状况算的账，只要你身体健康了，你就不会有那么多损失，你会创造更多的财富。

由此可见，我们私人教练在推介课程时要充分利用心理学的观点去洞悉顾客亟待解决的问题，并运用一定的心理战术去迎合问题所产生的需求，将问题对顾客的收益和损失两方面的影响清晰化、具体化，成交就会变得轻而易举。

（三）除法策略：将顾客的投入进行分解

在我的工作团队中，不少教练反映，与顾客沟通时，前期谈得都挺好，但是只要一听到价格，顾客不是说考虑考虑就是一口回绝。每当这时，我都会跟他们讲除法策略，他们拿去活学活用，成交率果然大幅度提升。其实，除法策略就是一种将顾客的成本进行分解的技巧。

我讲一个企业员工培训方面的案例，一些中小企业，员工人数大约在 50 至 100 之间，每年员工都有培训计划，但是每一次一听报价不是打退堂鼓，就是一味地讨价还价。掌握了除法策略后，他们向顾客建议把报价分解到每个学员身上考虑一下。比如说报价为 2 万元，顾客分析之后，就会发现其实每个学员只需要投入 200 元就可以了，而这 200 元即使对员工来说也仅仅是一顿饭钱而已。一顿饭钱就可以得到一次系统培训的机会，得到让业绩倍增的方法，无论从哪个角度看都是物超所值的。

你在进行课程价格沟通时，可以适时采取价格分解策略，但是应注意这种将顾客的投入进行分解的策略，要根据顾客的具体情况灵活运用。分解的方式也有很多种，比如按照时间（每年或每月）进行分解、按照课程受益情况进行分解等，这种策略可以在潜移默化之间让顾客感觉到你的课程合情合理地划算。

（四）减法策略：将附赠价值从顾客投入中扣除

我们好多俱乐部的私教在推介课程计划时大都有赠品，比如赠送护腕、毛巾、形式多样的杯子、U盘、卡包等礼品，其实现在很多商品，都会附带很多赠品和免费的服务。做得最好的比如IT商品，一般都会有免费升级、免费安装、加送礼品、延长保修、终身维护等。顾客心里想要的，除了商品本身的价值之外，还包括这些额外的价值。你应该明白，这些附加的赠品和服务，都可以用数字来形容，而你在帮顾客计算最终投入的时候，应该运用减法策略从课程价格中减去这些数字，让顾客感觉自己的投入实际并不高。

举个在销售领域比较典型的例子，当然我们的私人教练课程销售也可以效法这样的方法。例如，在很多手机电视直销广告中，对商品价格的形容总是会运用减法策略。如：原价1680元的手机，现价仅仅是780元，并配送价位150元的无线蓝牙耳机，再加送价值达100元的存储卡，再加送价值100元的原装锂电池，另外前100个电话预订的顾客，还可得到价位100元的品牌手机外套一个，相当于仅仅需要付出280元，你就可以轻松地拥有这部高科技、智能化的高端手机。大家应该注意到，在上面手机广告中所提到的赠品中，有些是手机的标准配件，如无线蓝牙耳机、锂电池等，有的确实是额外附赠品，如存储卡和手机外套等。这种方式只是一种心理上的引导，并不存在对顾客的欺骗。其实顾客心里面都清楚，那些附赠品的成本都已经算在了手机的价格之内。但你应该注意到，通过这样的方式，确实可以让顾客得到非常超值的感觉。因此，如果你私教课程计划确实有很多额外的附加价值，让顾客得到了许多附加利益，就可以帮顾客做"减法"。

由此可见，如果能结合私教课程推介和心理学的相关技巧，帮顾客做一次划算的买卖，让顾客在成交后拥有物超所值的感觉并不难，只需要按照我们上面所讲的"加、减、乘、除"四种策略即可。你在向顾客推介私教课程时，完全可以采用这种方法，但是要用得合适，恰到好处，才能起到实效。

在具体运用上，对顾客的付出，建议你使用除法策略和减法策略，收益则多使用乘法策略、加法策略，然后引导顾客对两种情况进行对比。只要你能够灵活地运用这些方法，让顾客产生"物超所值"的心理效应，认为自己所付出的代价小于课程给他带来的收益价值，这就是划算的买卖。很显然，这样的买卖应该尽早做、尽快做，最后顾客与你快速成交也就成了一件顺理成章的事情了。

（五）如何应对顾客的"防火墙"

在日常生活中，人们所做的每一件事情，不是为了获得某种"利益"，就是为了逃避某种"伤害"，从心理学的角度来讲"趋利避害"对于每个人的影响就像是看不见的指南针那样。当某件事降临到自己身上时，我们的第一反应就是分析这件事对于自己是有害的还是有利的，进而再决定自己后续的行为方向。私人教练在课程销售的过程中，遇到顾客的心理"防火墙"其实也是这个道理。其根源在于顾客在与私教长期打交道的过程中，形成了一种"经验"判断。这种"经验"是如此深刻，以至于顾客只要发现是私人教练来进行课程推销，尤其是在刚刚开场阶段，顾客都会本能地竖起自己的"防火墙"先拒绝了再说。在生活中，我们每个人都有这种"自我保护"的意识，都有自己的"心理防火墙"。但是从心理学的角度仔细分析就会发现这种"心理防火墙"并不是时时存在的，它不仅仅有启动的过程，而且都是在一些明显的刺激下才能产生，这些刺激可形象地称之为"触发点"。例如，当同事不小心碰翻你桌上的水杯时，你的第一反应是不是先躲避一下？当背后书架上的书突然砸向你的头，你的第一反应是不是马上缩头？从心理学上看，我们可以把水杯倾倒、书本突然落下等类似的情况统称为"触发点"。这些"触发点"被触发后，会立刻唤醒你内心某处深藏的记忆与经验，进而给你发出"立刻躲避""马上缩头"的指令。顾客心中的"防火墙"也是如此，不管是什么类型的"心理防火墙"，它的出现肯定是其"触发点"被"触发"的结果。

同理，你在与顾客进行沟通的过程中之所以顾客启动了"心理防火墙"，肯定是你在沟通中触发了顾客"心理防火墙"的触发点，引起了顾客一些痛苦的记忆，进而使成交顾客就这样以失败而告终。

所以，从心理学的角度看，在成交顾客时如何避开顾客自我保护的触发点显得格外重要。要做到这一点，我根据以往的经验认为应该从下面几个方面着手。

1. 在开场白中避开"触发点"

在见到顾客的时候，你在开口前应该审时度势，先弄清楚顾客的心理再说，关于这一点，我在前面的"电话邀约"一节中已经提到过。例如有些顾客在以前曾经请过教练，但是教练的服务和专业都不好，我们在邀约这个顾客时，他的抗拒点就是担心再请到和以前一样的那种教练，这就是他的抗拒点。我们这个时候应当避开这个"触发点"，可以这样说，"张总，我是这儿的教练某某，是我们会所连续三年的服务明星，也是我们会所资格最老的教练之一……"这样就避开了顾客的"触发点"，下一步的沟通就会顺畅得多了。

当然，你采用直接开场白的方式也可以，如果你所在的俱乐部在本行业内具有非常高的知名度，就可以直截了当地详细介绍，这样的自我介绍完全可行。顾客不会受到任何压力，而比你有重要的、与之有利害关系的东西要与其分享。

2. 通过适当的提问避开"触发点"

你在与顾客见面时，要先礼貌性地做自我介绍，与顾客握手，坐下并开始提问那些你已经经过深思熟虑的问题。你应该注意，你提出的问题应该是一个不同寻常或者有趣的问题，或者是一个双方关心的问题。只有问题具有吸引力，顾客才会针对私人教练提出的问题自动地做出反应。比如，当你问顾客，"我能问你一个问题吗？"他几乎总是说行。然后，你就会获得完全的控制权。当你问顾客，"你愿意看看那种经过检验能让你的身材更加健美的方法吗？"这时顾客除了"乖乖地"回答你这个问题外没法说别的。作为私人教练，就应学会从心理学的角度来控制局面不断提问，进而更好地避开顾客自我保护的"触发点"，引导其做出回答。

3. 让顾客主动起来

在某些情况下，即使有最好的开场白，提了恰当的问题，顾客仍然会犹豫，不愿与你再进行交谈。为了克服这种不情愿，最强有力的课程成交技巧就是把主动权让给顾客。你应把消极或中立的顾客变得积极起来，并诱发他们的欲望，让他们愿意去试着了解该行业其他人已经在用的课程。这样一来，你不仅可轻易地在顾客心中建立起可信度，还可以避免盲目地进入顾客的心理阵地。

美国人派森的工作是为一家专门替服装设计师设计花样的画室推销草图，在最初的三年间，派森先生每个星期都会去拜访纽约一位著名的服装设计师。"他从不拒绝接见我，"派森先生说，"但他也从不买我的东西。他总是很仔细地看我的草图，然后说：不行，派森，我想我们今天谈不拢了。"

已经接近 150 次失败了，派森的耐心几乎到了极限。终于有一天，他走进办公室，随手抓起几张画家们未完成的草图，驱车赶到那位服装设计师的办公室。"如果你愿意的话，希望能帮我一个小忙，"他说，"这是一些尚未完成的草图。能否请你告诉我，我们应该如何把它们完成才能对你有所帮助？"这位服装设计师默默地看了那些草图一会儿，然后说："把这些图留在我这儿几天，然后再回来找我。"

三天后，派森接到了这位挑剔的服装设计师的电话，得到了一些建议。他拿着草图回到画室，按照服装设计师的意思把它们修饰完成。结果呢？这些图全部被接受了。

从那时候起，这位高傲的设计师开始继续订购其他的图案，这全是根据他的想法画成的。派森在这一连串的销售中赚取了大量的佣金。"我现在才明白这么多年来，为什么我一直都无法和这位买主做成买卖。"派森说，"我以前只是不停地催促他买下我认为他应该买的东西，而现在的做法正好完全相反。我鼓励他把他的想法交给我。他现在觉得这些图案是他创造的，确实也是如此。我现在用不着去向他推销，他主动会买。"绝大多数私人教练都经历过类似派森前面的失败，所以派森最后使顾客主动参与的方式很值得我们私教借鉴。

作为一名专业的私人教练，在很多时候，你面对顾客可以采取这样的方式：现在已经有几百名健身人员订购了我们的课程，并获得了相当不错的效果；这个课程已经被证明对于健身来说是很有效的，而且很受欢迎，我们可以给你 100% 保证；我只需要占用你十分钟的时间，给你看一下我们的课程，然后你自己来做决定。这样的谈话方式，没有哪个顾客不愿意腾出十分钟时间。他们可能在下个月之前给不了你半个小时的时间，但是他们现在就给你十分钟，只要你的课程能够让他们很感兴趣。当然，作为私人教练的你，在任何时候都不能犯如下的错误："你觉得我该怎么做你才会购买健身计划？""你觉得有多少人购买了我们的健身计划以后你才会购买？""今天上午 10：30 和明天上午 11：20，哪个时间你比较方便？"很明显，你给顾客的感觉是你急于将课程计划卖给他，功利心太强。对于顾客来讲，这是个老掉牙的、操纵顾客意图非常明显的方法。顾客对这样的话术已经听过无数遍了，心理上会马上产生逆反效应，他会认为你是在试图操纵他。"触发点"一旦被触发，"心理防火墙"将马上竖起，从而拒你于千里之外，即使当初对你销售的课程感兴趣，那么现在他也一定觉得索然无味。

思考

顾客都希望从私人教练这里获得什么?

_____

_____

_____

_____

_____

经典重现

课程销售的过程其实就是私人教练与顾客心理博弈的过程,为了顺利地销售出你的课程,就必须了解对手的心理。而了解对手心理最直接的方式就是换位思考,在遇到问题时多站在顾客的角度看问题,我们就能从心理上去把握顾客的真正需求,以便更好地把握成交。

第十章
付出与收获的关系

生命是个回力板（一种澳洲土人打猎用的弯曲坚木，掷出后仍能返回原处），你付出什么，便收回什么。

——美国人际关系学大师 戴尔·卡耐基

这一章我要给大家讲付出与收获的关系。

或许你要问，为什么要抛开私人教练的专业知识讲这个呢？因为，私人教练这个职业需要你俯下身子，扎实地付出，用自己的辛勤汗水收获你的成功。

大家都知道的一个道理，没有付出，就没有回报，也就是没有收获。虽然，付出并不一定有收获，但是付出却是收获的必要条件。

我们怎么做呢？下面我将举很多有关付出的例子，虽然这些与私人教练的本职专业工作没有多大的关联，但是在思想内涵上是一致的。很希望大家从这些故事中收获"付出"的真谛，领悟私人教练的职业魅力。

一、摆正付出的心态

课程销售活动就像是渔民钓鱼，需要不断地去放钓，在放钓前还必须了解什么地方有鱼，哪个地方的鱼喜欢吃什么样的诱饵，什么时候鱼嘴容易吃诱饵。比如说钓河里的鱼就远比钓池塘里的鱼难，钓鱼的时候最好还不要穿黑色的衣服，这样鱼能看到人站在河畔，就不会吃钓饵，也就增加了难度。而这些工作必须是前期就了解的，还有钓鱼的时候你得先买鱼竿，有了鱼竿后，你得去买诱饵，这些具备后你得找时间去钓。鱼竿、鱼饵、时间就组成了钓鱼的前期付出。开展课程销售活动时，你需要投入前期的时间去了解顾客，在展开课程销售活动时你还得有很多的配套，如前面所讲的各种准备工作，课程销售成功后你还得去花心思，服务好顾客，争取顾客能长期合作。而这些工作都是前期付出的成本，同时也有可能你花费了很多的精力，但顾客暂时却没有购买的预算，要等到下一季度或者下一年度。为了能最终成交顾客，你得不断维护这个潜在的顾客，维护时的费用构成了前期的成本，也就是我们的付出。付出的心态是为自己做事的心态，要懂得舍得的关系。舍的本身就是得。小舍小得，大舍大得，不舍不得。而打工的心态是应付出的心态，不愿付出的人，总是省钱、省力、省事，最后把成功也省了。

二、收获前先学会付出

关于这一点，我先不用讲这个道理。因为这个道理谁都明白，现在我给大家讲几个故事，世界上的事情都是相通的，就像有句歌词那样，"没有人能够随随便便成功"；要想收获，首先要付出，只有付出才是"硬道理"。

年轻人开店创业的故事

一个年轻人，准备在他家所在的那条街上开一家商店，他向他的父亲征求意见："我想在咱们这条街上开店赚钱，得先准备些什么呢？"他的父亲想了想说："咱们这条街商店已经不算少了，但门面房还有的是，你如果不想多赚钱，现在就可租两间门面，摆上货柜，进一些货物开张营业。如果你想多赚钱的括，就先得准备为这条街上的街坊邻居们做些什么。"

年轻人问："我先做些什么呢？"他的父亲想了想说："要做的事很多，比如，街上的树叶很少有人打扫，你每天清晨可以将街上的落叶扫一扫；还有，邮差每天送信，有许多信件很难找到收信人，你也可以帮忙找一找，然后将信及时送给收信人；另外，还有许多家庭需要得到一些一伸手的小帮助，你可以顺便给他们帮一把……"年轻人不解地问："可这些跟我开商店有什么关系呢？"他的父亲笑笑说："如果你想把自己的生意做得好，这一切都会对你有帮助，如果你不希望把生意做好，那么这一切也许对你没有多大的作用。"

年轻人虽然半信半疑，但他还是像他父亲说的那样去一一做了。他不声不响地每天打扫街道，帮邮差送信，给几家老人挑水劈柴，谁遇到困难需要帮助，年轻人听说就去了。不久，这条街上的人们都知道了这个年轻人。半年后，年轻人的商店挂牌营业了，让他惊奇的是，来的顾客非常多，远的、近的，差不多一条街上的街坊邻居全都成了他的顾客，甚至街那边的一些老人，舍弃距他们较近的门店而不入，拄着拐杖，从很远的地方赶到他的商店里来买东西。他惊讶，问他们说："你家的门口就有商店，怎么却要舍近求远呢？"他们笑笑说："我们都知道你是个好人，来你的店里买东西，我们特别放心。"后来，他送货上门，遇到一些暂时困难的人家，他总是先让他们取需要的货物，等什么时候人家有钱了，再来给他还上。知道有人遭遇了不幸，他会主动登门慷慨相助。几个月后，邻街上的许多人也纷纷涌到他的店里来买东西。又过一年多，全城人都知道了他和他的小店，都一齐涌来了，于是他在另外一些街道上开起了一个个分店、连锁店，生意滚雪球般越做越大，钱当然也越赚越多。仅仅几年的时间，他就从一个不名一文的年轻人，摇身变成了一个拥有资产千万的企业家。有一天记者采访他，问他短短几年为什么能有如此大的收获时，他想了想说："因为在学会收获前，我先学会了付出！"

沙漠取水

有一个人在沙漠行走了两天，途中遇到暴风沙。一阵狂沙吹过之后，他已认不得正确的方向。正当快撑不住时，突然，他发现了一幢废弃的小屋。他拖着疲惫的身子走进了屋内。这是一间不通风的小屋子，里面堆了一些枯朽的木材。他几近绝望地走到屋角，却意外地发现了一台抽水机。他兴奋地上前汲水，可任凭他怎么抽水，也抽不出半滴来。他颓然坐地，却看见抽水机旁，有一个用软木塞堵住瓶口的小瓶子，瓶上贴了一张泛黄的纸条，纸条上写着：你必须用水灌入抽水机才能引水！不要忘了，在你离开前，请再将水装满！他拔开瓶塞，发现瓶子里，果然装满了水！他的内心，此时开始交战着……

如果自私点，只要将瓶子里的喝掉，他就不会渴死，就能活着走出这间屋子！如果照纸条做，把瓶子里唯一的水，倒入抽水机内，万一水一去不回，他就会渴死在这地方了……到底要不要冒险？最后，他决定把瓶子里唯一的水，全部灌入看起来破旧不堪的抽水机里，以颤抖的手汲水，水真的大量涌了出来！他将水喝足后，把瓶子装满水，用软木塞封好，然后在原来那张纸条后面，再加上他自己的话：相信我，真的有用。在取得之前，要先学会付出。

两个故事都告诉了我们，要想获得收获，就必须要先付出，那么付出到底是什么呢？付出其实就是一种回报……

三、付出是自己的铺路石

有这样一个故事，从前，良宽禅师除弘法外，平常就居住在山脚下一间简陋的茅棚里，生活过得非常简单。有一天晚上，他从外面讲经回来，刚好撞上一个小偷正在光顾他的茅庐。小偷看到禅师回来了，慌张得不知如何是好。良宽和颜悦色地对两手空空的小偷说："找不到可偷的东西是吧？想来你这一趟是白跑了。这样吧，我身上的这件衣服还值点钱，你就拿去吧！"小偷惶恐之下抓着衣服就跑。看着小偷在月光下的背影，良宽禅师无限感慨地说："可惜我不能把这美丽的月光送给他。"

还有一个故事，就是一个盲人在夜晚走路时，手里总是提着一盏明亮的灯。人们很好奇，就问他："你自己看不见，为什么还要提着灯走路呢？"盲人说："我提着灯，为别人照亮道路，同时别人也容易看到我，避免了碰撞。这样既帮助了别人，也保护了自己。"

很多人都知道印度伟人甘地，有一次乘火车，他的一只鞋子掉到了铁轨旁，此时火车已开动，再下去已没有可能。于是，甘地急急地把还穿在脚上的另一只鞋子也脱下扔到第一只鞋子旁边，这才回到自己的座位。同行不解地问甘地为什么这样做，甘地认真地说："这样一来，路过铁轨的穷人就能得到一双鞋子。"

毋庸置疑，这些故事讲的都是对别人不求回报的彻底付出的故事。在我们的私人教练职业生涯中，我们一定会遇到许多为难的事，但是你是否知道，在前进的路途上，自己付出一些，搬开别人脚下的绊脚石，有时恰恰是在为自己铺路。

古人云："将欲取之，必先与之。"这句话道出了付出的真谛。你要想"取"，就要先"与"。你要想摘取树上的果实，就必须先要给树浇水、施肥；你若想在私人教练工作上干出成绩，就必须先要付出心血和汗水；你要想得到顾客的拥戴，就必须先要去服务好顾客；你要想赢得顾客的忠诚，就必须先要忠诚于顾客。

为了得到自己需要的东西，我们首先要做的就是付出。如果别人不对你微笑，你就不妨开始笑着对别人问好；如果你想得到金钱，你就应该多多给予别人金钱，或是给予别人等值的劳动。一个人只有先付出，才能得到自己想要的。这一点已经被无数人用亲身经历证明了。

四、付出是一种幸福

一个馒头店的老板，每天蒸 120 个馒头，100 个用来出售，20 个用来接济贫苦的老人和孩子。在生意好的时候，馒头刚一出锅便被顾客一抢而光，于是有人便劝他卖掉那些留下的馒头，可是无论顾客如何要求，馒头店的老板就是不肯将那 20 个馒头卖掉，而当他用夹子把热乎乎的大馒头送给老人和孩子的时候，黝黑的脸上绽放出明亮的光彩，那种幸福的感觉是其他人所体会不到的。"授人玫瑰，手留余香。"其实付出也是一种幸福，当馒头店的老板把馒头送给老人和孩子的时候，他看到自己的付出给别人带来了快乐，自己便也跟着幸福起来。现实生活中也是如此，收获是一种幸福，付出又何尝不是一种幸福呢？付出时间能够收获希望，付出劳动能够收获果实；付出真心能够收获真情，付出爱心就能够收获整个世界。爱默生说过："人生最美丽的补偿之一，就是人们真诚地帮助别人之后，同时也帮助了自己。"

作为私人教练，其实，付出的幸福感觉是我们随时随地都很容易得到却又最容易忽略掉的事情。在我们埋怨私人教练工作压力大，到处充满功利，找不到幸福感觉的时候，其实也许是你没有时间去察觉，去体会私人教练工作中的幸福啊。当你在俱乐部以专业的服务指导顾客时，顾客会很开心，你也会很快乐；当你给健身顾客纠正错误动作时，也许你的专业付出换来的是顾客对健身的希望，那一刻你会感觉到很幸福；当你看到一个个顾客在你的专业服务和指导下，身体越来越健康，身材越来越健美的时候，你那会心的笑容，不正是你的付出所获得的幸福吗？学会付出，便会拥有幸福。当你敞开心胸，乐于付出的时候，快乐、喜悦和收获，便会进入你的心中，这时候，作为私人教练的你便会体会到真正的幸福！

五、付出是一种满足

一个人守着一堆金子闷闷不乐。

神看见了，问：你为什么不高兴？

这人回答：我觉得我的金子还不够多。

神说，我可以满足你的愿望，于是给了这人更多的金子。

过了几天，神见到这人还是闷闷不乐，问：我已经满足了你的要求，你为什么还不高兴？

这人回答：我觉得没有刺激。

神说，那我满足你的愿望吧，于是给了这人刺激。

过了几天，神见这人依然闷闷不乐，问：你为什么还不高兴？

这人回答：我没有快乐。

神说，那我给你快乐吧。

过了几天，神看到这人依旧闷闷不乐，问：你怎么还不高兴啊？

这人回答：因为我没有成就感。

神说，那就再给你成就感吧。

过了几天，神看到的还是闷闷不乐的他，就问：你为什么仍然不高兴？

这人回答：因为我没有爱。

神说，那我就让你拥有爱吧。

过了几天，神看到这人还是一副闷闷不乐、垂头丧气的样子，就对他说，试试把你拥有的这些东西送给别人吧。

又过了几天，神再见到这人时，发现他身边、手里什么都没有了，脸上却出现了难得的满足的笑容，便问他：你为什么这么高兴？

这人回答：我把金子给了没有钱的人；把刺激给了麻木的人；把快乐给了忧伤的人；把成就给了失败的人；把爱给了缺少爱的人……尽管我一件件全部付出了，自己什么也没留下，但我却感到非常满足。原来，付出比一味索取更令人满足！

这就是付出，其实，从根本上讲就是收获。你作为一名专业私人教练，你向顾客付出的汗水，换来了顾客的健康，换来了顾客的信任，更为社会带来了美好，这就是你的收获！

思考

你在私教职业生涯中需要做出哪些付出？

_____

_____

_____

_____

_____

经典重现

生命是个回力板，你付出什么，便收回什么。

第十一章
营销十八计

营销的宗旨是发现并满足需求。

——世界营销大师 菲利普·科特勒

　　教练的服务宗旨均是一切以满足顾客的需求为中心，核心点也就是满足顾客的心理需求。我们私人教练所做的一切都是在为人服务，本质上就是在了解人的心理。我们除了为顾客提供基本的健身方面的指导之外，还要尽可能满足和挖掘顾客心理上的需求。同时，我们教练营销的目的也是围绕着满足顾客的需求展开的，只要我们能够在满足顾客基本需求的基础之上，再满足其超值需求，那么我们的营销才是最强的营销。现在，随着经济社会的迅速发展，顾客的健身知识已经越来越丰富，这无疑为我们的营销带来了较大的难度。因此我们教练需要掌握一定的销售技巧，才能将我们的服务推销给顾客，从而让更多的人享受健身的快乐。下面我和大家分享一下顾客营销的18条计策。

一、需求计

若能满足顾客两个以上的需求，你和顾客就有可能成为朋友。比如，顾客要减脂是第一需求，要求过程要快乐是第二需求，那么你作为教练如果既可以让他得到健身的目的，又可以让他收获快乐的话，顾客就有可能乐于接受你的课程并成为你的朋友。

假如你能满足顾客三个需求，顾客完全就可以成为你的合作伙伴。例如你还可以帮助顾客到我们这儿既可以健身又可以找到他工作上的有效资源，因为一般到健身会所请私人教练的人大多都是有一定社会地位的人，或者是企业老总，或者是其他一些成功人士。作为私人教练来说，手头上都有社会各行各业的人脉资源。如此一来，顾客在我们会所健身的同时也能够为他找到与其事业发展有益的社会人脉资源，从自己的顾客里面为其进行对接。这样，我们就能满足顾客三个需求了。

顾客有困难的时候，我们可以在第一时间帮助他；他在心理方面需要沟通的时候可以在我们这儿找到答案；健身的时候在我们这儿可以找到激情；当他状态不好的时候，我们可以激发他的状态，让他重新保持一个巅峰的状态；顾客在感情方面的一些事情通过我们的建议可以让他做出恰当的处理，使他的个人生活更好。在将来，即使我们不做私人教练了，他也是我们很好的朋友。

人通常都会有许多需求，有表象的，有深沉的，有潜在的。就如同我们新去一家公司工作，如果这家公司可以满足我们各种需求：第一，这家公司可以满足我的温饱问题。第二，可以满足我的物质需求，这家公司能每月给我两三万薪水，让我的消费档次得以提升。第三，可以满足我在精神和荣誉方面的需求，例如能够给我一个晋升空间，给我一个能够实现自我价值的环境，等等。这样，我们会很乐意服务于这家公司的。

总之，作为健身私人教练来说，我们应当满足顾客的更多需求。所谓满足顾客的需求，也就是让顾客在我们这儿享受到更加超值的服务，顾客付出100元可以得到1000元的价值，这是我们教练需要思考的问题。顾客来会所，目的是来这儿实现增肌、减脂等健身目的，这些都是我们作为一个私人教练要满足顾客的最基本的需求。在此基础之上，我们可以想方设法满足顾客更多的需求。

满足顾客的需求就得从顾客的当下需求开始，例如顾客是来减脂的，我们就应当首先在满足顾客的这个硬性需求基础之上再去发现顾客更多的需求。还有，我们给顾客上课的时候，如果连最基本的知识都不能传授给顾客，他们能认为我们是一个专业的教练吗？这些最基本的需求我们都没给顾客，顾客会感觉到我们不靠谱，他还能配合我们挖掘进一步的需求吗？这样的话，我们就更难从顾客那儿得到我们想要的结果。因此，我们一定要先满足顾客当下的需求才能谈其他的。

至于如何满足顾客的最基本需求，我建议每位教练都要建立自己的服务流程，因为每个教练的性格不同、工作方式不一样，所以要建立最适合自己的服务流程。有些服务领域的核心系统是一样的，我们把顾客当作我们的爱人、孩子一样进行呵护，然后在此基础上建立最能发挥自己特长的服务系统。我们只要始终坚持信念和价值观，没有服务不好的顾客。

二、造场计

人是环境的产物，人到了不同的环境就会有不同的想法，也会表现出不同的行为。例如不同装修风格的家居店能吸引不同喜好的顾客来光顾；不同的宗教文化，会有各自不同的"场"来表达各自的信息。所有这一切都是为了制造一种"场"，"场"大于一切。作为教练来说，每个顾客来上课，我们就要让他感受到健身俱乐部的良好氛围，让顾客自在、快乐，所以我们就要想尽办法造这个"场"。如果顾客走到前台，前台服务人员态度冷漠；顾客走进卫生间看到里面的环境肮脏不堪……走到健身现场也没有任何人指导；

健身器械凌乱不堪……那么，我们的顾客就会逐渐地消失，这样的话我们健身俱乐部就会失去经营的资源，前景不会美好。

健身俱乐部的"场"是由谁来主导的？绝大部分是由健身教练主导的，当然运营是很重要的，但教练的执行占据大多数。如何制造这个"场"呢？

具体说来，我们每个教练看到顾客的时候就从最基本的礼仪开始问候顾客，包括能够叫出顾客的名字、鼓励顾客、向顾客问候；当顾客训练的时候我们教练就要对其进行指导，及时纠正或及时赞扬。所以，顾客来到会所以后我们就要制造快乐、温馨的"场"，不断地微笑、不断地鼓励顾客、记住顾客的姓名，这样顾客就会感到一种愉快的氛围，久而久之，我们教练就塑造了健身会所给人以正能量的"场"。就如我们去海底捞，它有自己的独特的氛围；我们去迪士尼游乐场，它也有自己的氛围；我们教练也要形成有自己特色的氛围"场"。这种氛围"场"，就是一种服务文化，是需要我们全体教练持续地培养才能形成的。具体的实施可以在私教区设立一个"动力墙"：一是我们把那些训练较好、让顾客非常满意的教练的照片、顾客健身的图片见证等挂在"动力墙"上；二是在上面设立教练之间、顾客之间的"PK"展示墙。现在大多数的会所都没有这样做，我们不妨现在就开始这样做。

例如，我是一个拥有 10 名顾客的教练，对于经常到会所来的顾客我会引导顾客之间进行 PK 赛。在我们的引导下，这时一名顾客承诺要在规定的时间内减掉 5 公斤脂肪，这名顾客需要找出另一名顾客 PK，按照百分比看谁的效果更好。规则是按照减脂百分比计算出减脂效果，根据减脂指数来衡量顾客的减脂效果。PK 结果出来之后，顾客之间安排相互之间的友好互动。这样做的效果很好：一是我们可以制造出氛围，二是顾客在、PK 制度的激励下形成自己的动力。

当然我们教练也可以和顾客进行 PK，例如顾客在规定的时间内健身效果达到一定的程度，教练可以奖励顾客一个礼品等等。在顾客健身的每一个环节我们都要有自己的点子，这些点子汇聚多了，我们的工作就会更有效果，我们造的"场"就会更好，顾客健身的积极性也会大幅度提升。这就要求我们从指导顾客健身的每一个环节中的点滴小事做起，这就是"动力墙"。

另外，我们还可以设置"承诺墙"。主要是让顾客做出阶段性的健身承诺，我们把顾客定的目标放在"承诺墙"上，让顾客自己承诺。可以包括这些内容：顾客一周来会所三次，如果未能实现怎么办？顾客承诺一个月减去多少重量的体重，如果未能达到目标怎么办？还可以要求顾客在未能兑现承诺的情况下，做一些小小的惩罚等，这样就可以塑造一种氛围。

再就是设置"荣誉墙"，会所对每个月健身效果排在前十名的顾客给予"健身达人"荣誉奖励，颁发荣誉证，把他的效果见证图片贴在墙上。然后，我们教练再循序渐进地传导专业理论知识，把这些良好的"造场"理念一点点地渗透到团队里面。做这些措施的目的：一是给顾客动力，二是给那些很渴望改变自己身体形态的顾客以具体的健身见证，三是能够增加顾客对会所的黏性。

以上这一切措施的目的就是"造场"，就是让顾客一走进会所就会有健身的激情和欲望，感到愉快和温馨，享受到正能量。这是"场"的核心，更是一种服务文化，这种服务文化是俱乐部经营中的重中之重，我们应当着力打造。

三、塑造偶像计

所谓偶像是指令人崇拜和敬佩的对象。教练可以在自己的顾客里塑造自己的偶像，就是那些定期来上课的、健身效果明显的顾客，也就是我们的 A 类顾客。我们要打造出顾客中的榜样，发挥榜样的带头作用，这些顾客必须满足每周来会所上三节课并连续保持半年以上，才能成为我们打造的榜样，以此来教育和影响顾客，提高健身的积极性。在此基础上，每个月教练团队可以组织一次颁发最佳顾客效果奖的活动，让那些取得明显健身效果的顾客上台与大家共同分享成功经验。对健身效果最好的冠军，我们应给他鲜花和掌声，并给予其物质奖励，我们还可以聘请专业摄像师为其拍摄照片，给予艺术化的形象加工，也就是为其赋予偶像的色彩，以引起其他顾客的高度关注，然后还可以为他颁发证书，将其艺术化的照片悬挂在我们健身会所最显眼的位置，以使其他顾客都能欣赏到。这样我们就在顾客之中制造了偶像，顾客们会纷纷仿效和学习这些榜样，能够大大提升我们的营销效果。

如何实施塑造偶像的计划呢？可以在所有顾客的教练训练计划本的第一页上放上这张偶像的照片。这样，可以让顾客知道，只要他们取得和偶像一样的成绩，他们的相片也会放置在教练训练计划本的首页。如此，就能激发顾客奋勇争优的动力，在他们的心中就能够默默地与偶像进行"PK"，所有这些都是一种激励的方式，效果很好很明显。

四、师道计

这种方式就像老人带新人一样，比如今天一名新顾客过来了，跟我们之前的一名顾客体型差不多。然后，在他上了几节课之后，我们可以推荐以前的训练效果比较好的老顾客与新顾客相互之间加为微信好友，在训练中遇到什么问题可以向老顾客请教、沟通。我们教练应对新顾客讲清楚，他们俩的身体情况差不多，新顾客只要向老顾客多请教、多学习健身经验就能够达到老顾客那样的效果。这时，老顾客是会为我们说话的，按照这种安排，实际上是由我们和老顾客一同为新顾客服务的。我们也会告诉老顾客，只要他帮助新顾客取得健身效果，我就可以赠送给他一节课或者给予他物质奖励。在老顾客带新顾客的过程中，他们会很快进入各自的训练角色，并且其他的顾客会感觉到会所的友好氛围，同时也对新顾客起到一个有效的监督作用。达到这种状态后，来我们这儿健身，既可以实现有效健身，又能够结交到许多朋友，这种服务方式是非常不错的。

五、称呼计

对于顾客，不管认识多久，我们都要对这些顾客尊称为"哥""姐"。所有的教练都应这样，不论见到哪个教练的顾客都要这样称呼。就是说我们不管见到谁的顾客，都要亲热地以兄弟姐妹冠以姓氏进行称呼，这样更容易拉近与顾客的感情距离，同时顾客也会感到非常温馨，享受到被人重视、被人尊重的感觉。任何人都是渴望被关注的，所有人的内心希望都是这样的。顾客一走进我们的会所，我们就亲热地打招呼，"周哥、李哥、王姐……"等等，顾客听上去就会感到很舒服，我们的教练一定要做到"嘴巴甜"，顾客就会立刻感受到会所的良好氛围。这个计我称之为"称呼计"，即不论见到什么顾客我们都要称之为"哥""姐"等。打比方，你今天去茶馆喝茶，如果所有的服务员都亲切地称呼你"刘哥""田哥"等，然后再恭维你几句美言，作为顾客的你一定会感觉到一股暖流流遍你的全身。作为私人教练的我们这样称呼顾客，同样会得到这样的好效果。

六、调频计

对于什么是调频计，这个不难理解。其实任何一个顾客或者说是任何人都会喜欢和自己差不多性格的人相处，这也就是人们常说的"物以类聚，人以群分"的道理。因为和自己很类似的人打交道更容易产生共鸣，更能顺利地开展合作，因此，顾客一般都会向与其很能合得来的教练购买课程，谁也不会与一个自己不喜欢的教练成交。为什么有的教练成单率比较少？主要原因就在于教练遇到不同的顾客只会用一种招数进行沟通，这样做的后果就是过滤掉许多不适合他性格的顾客。如果我们要做更多的业绩，那么我们就应当跟"变色龙"一样，和顾客打交道时要学会"到什么山上就唱什么歌"，一切都要结合顾客的不同性格采取相应的方式。例如与一个急性子的顾客沟通的时候，我们如果磨磨蹭蹭、慢悠悠地与其沟通，这个顾客一定会不耐烦地走开；反之，与一个慢性子的人沟通，我们如果拿应对急性子顾客的方法肯定不合适，慢性子的顾客一定会认为我们不耐烦，不认真。所以，遇到不同性格的顾客我们要学会"调频"，拉近彼此的感情距离。我们健身教练，面对的是所有的顾客，而不是以我们的个人好恶进行选择的。我们要想成为一名最优秀的教练，必须根据顾客的性格调节自己的沟通方式，采取"调频"的方式进行沟通，一定要调到与顾客的性格相向。教练必须走出自己的世界，不能让自己把自己捆住，深入顾客的内心考虑问题，这样拒绝我们的顾客肯定会减少，成单率一定会提升。

七、美女计

我在这儿讲的美女计，不是大家通常意义上理解的用美女为我们获得某些利益，而是根据顾客的性别情况，巧妙地利用"同性相斥、异性相吸"的生理现象，成交我们的顾客。

俗话说，衣食住行是人的根本，仓廪实而知礼节。当最基本的生存需求得到满足之后便是比这更高级的需求，例如情感方面的追求。同性相斥，异性相吸，人都希望爱和被别人爱，这是人的天性。再就是爱，对于我们私教来说，我们渴望帮助更多的人，利用人性的这种异性相吸的特性是很有效的，很多情况下男性顾客都会对女教练抗拒较少，这是一个很普遍的现象。常言道，男女搭配，干活不累。多数情况下男性与男性之间谈判容易出现理性的情况，女性与女性之间也会这样。那么，我们怎样利用"异性相吸"的这个规律呢？一个男顾客来会所，我们的女教练负责指导做测试或制订健身计划，这样很容易进行匹配。男女教练搭配服务一个顾客会有什么好处呢？例如，一个男顾客来会所健身，他很想找一个女教练对他进行指导，但是对于力量方面的训练则是离不开男教练的。这名男顾客既希望美女教练陪着练，又希望得到力量训练。这时，顾客的这两种需求我们都可以帮他满足，就是为他配个女教练和一个男教练对他进行健身指导。假如这个顾客有十几节课，安排女教练指导他训练，并且以这个女教练为主，力量训练则由男教练帮助这个顾客，男教练是女教练的助理教练。例如，这个顾客今天主要是力量训练，女教练就可以这样向顾客介绍："力量训练由我的助理教练某某负责帮助你。"

如果是一个女顾客，我们可以为她安排一名男教练，但是在有些情况下部分女顾客可能认为与男教练沟通不太方便，有时会主动地提出要选择女教练，所以我们在与顾客谈业务的时候一定要告诉顾客，不是单独的某个教练为她服务，而是整个团队。然后向顾客说明白在其训练的不同阶段，根据训练的强度、效果，我们随时都会更换与之匹配的教练。也就是说，根据顾客的身体训练情况，我们为她选择最适合的教练。如果我们在谈业务的时候，有些女顾客明显地表示不喜欢男教练，此时我们应立即告诉她会所是两个教练为其服务的。根据顾客的要求，我们会为她匹配最适合她的教练。因此，不管是男顾客还是女顾客我们都要安排一男一女两个教练进行配合。用这种方式的话可以起到两个很好的效果：一是顾客在我们会所训练会很愉快，二是可以提高我们私人教练的工作效率。

八、形象计

我们在与人打交道的时候，留给别人的第一印象特别重要，一旦留下第一印象，以后几乎很难改变。对于我们私人教练来说，好身材就是第一标准，所以教练一定要保持一定的健身频率，让自己的身材在顾客面前能起到示范作用，并且也能够给顾客留下良好的第一印象。现在的人们更多的是喜欢"型男美女"，因此我们应打造一种被多数人羡慕、仰慕的身材。除此之外，我们也应注意自己的穿着打扮。着装是非常重要的，虽然我们常说人不可貌相，但是现代社会却是非常重视人的着装，几乎全世界各地的人都是"以貌取人"，这说明了着装的重要性。这种现象的原因很简单，因为人与人开始了解的时候大都从形象开始的，随着人们之间的相互熟悉才开始渐渐地注重人的内涵。所以，作为教练来说，留给顾客的第一印象如何，非常关键。

在与顾客沟通的时候，教练良好的外在形象美会给顾客留下非常深刻的正面印象，这就为今后的成交打下了良好的基础，并且顾客也会被我们的美好形象吸引从而增加上课的频率。综上所述，教练的形象设计是很重要的，每位教练都应加以重视。

九、"小三"计

我们在这儿不探讨"小三"道德方面的问题，只研究"小三"为什么会受到有些男人的喜欢？原因之一是"小三"很了解男人的需求，会打扮，会撒娇，从而赢得了本来不属于自己的男人。作为教练，我们可以转换一下思维，那就是我们每天都要思考最能赢得顾客喜欢的方式方法，这样顾客才能够为我们的服务加分。顾客在不同的时期，需求都是不一样的，要做一个成功的私人教练，必须要紧紧地把握和满足顾客在不同时期的需求，并且能让顾客享受到在其他会所、工作室享受不到的超值服务。

十、管家计

作为私人教练，我们一定要把自己手中的顾客分为 A、B、C 三类。为什么要分类呢？原因很简单，那就是虽然我们在日常工作中倡导一视同仁，但是在现实中我们这个社会从来没有一视同仁过。分类的目的就是对于 A 类的顾客，我们就必须要用 A 类的标准满足顾客；同样 B 类、C 类顾客都有各自的需求，我们都要按照各自的标准满足他们。一般来说，A 类顾客能够为我们带来更大的价值，这类顾客是经常来训练的，持续支持我们的工作的，购买我们课程也是最多的，等等，他们是我们的优质顾客。每个俱乐部都有划分顾客类别的标准，标准基本上都是依据顾客对会所的贡献度进行划分的。我们甄别出顾客的类别之后，在工作中就应当有差别化地服务了。尤其是对于贡献度较高的顾客，我们应当给予更高档次的服务，以回馈顾客对我们工作的信任和支持。每个教练每天都要思考，如何才能回馈超出顾客所付出代价十倍的超值服务；顾客给予我们的越多，我们回馈的应当是远远超出顾客给予我们的付出。我们有些教练平时的错误做法是，把自己 80% 的时间放在那些为我们会所做贡献只有 20% 的 80% 的顾客身上，这样做就得不偿失，做"反"了；正确的做法是，我们的顾客维系应当将 80% 的时间和精力放在为我们创造 80% 业绩的 20% 的顾客身上，这样的话，我们的服务就到位了。因此，如果教练没有对顾客进行细分，对于所有的顾客都采取一样的态度，那么渐渐地 A 类顾客就会演变为 B 类，再继续发展下去就会变为 C 类，到最后顾客就会消失了。因为没有把 A 类服务好，A 类顾客希望享受到对等的服务品质，这类顾客更在乎的是价值，但是他们没有享受到相应标准的服务，所以才会向我们的 B 类、C 类顾客演变，因此我们要更加细心地做好 A 类顾客的服务工作。所以，这叫管家计。

总之，要把手中的顾客分为 A、B、C 三个档次，然后根据不同级别的顾客制订出详细的服务计划，这个计划要与顾客的分类档次相适应。

十一、情感计

在我们的职业生涯中，如果对顾客没有感情，顾客就不会持续；当顾客第一次购买我们的课程时，可能是由于很多原因的结合而购买的；但是如果希望以后让这个顾客成为你的长期顾客的话，我们必须用心投入"感情"，适时采取情感计，在刚做教练的时期就会起到很好的效果。没有情感的行为被称为"交易"，有情感的称为"交换"。就拿我做私人教练时候的经历来说吧，我发现我服务顾客的时候效果很好，顾客也很满意，但是接下来就坚持不跟我这个教练继续训练了。为什么？后来我得出一个结论，就是我只是专心地为顾客进行专业的训练服务，没有与顾客进行情感方面的沟通和交流，顾客在与我这个教练打交道的时候感觉就像跟一个设计好程序的机器人打交道。不论是谁，都喜欢跟有情感的人相处。因此作为教练来说，就如前面所述，满足顾客的需求是最基本的，为顾客付出多少感情就会收到多少的感情回报。举个例子，今天有个顾客没有来上课，我们经过联系得知顾客感冒了，我们可以及时给顾客打电话问候身体状况，或者发个短信送去关怀等等，所有这些关心都是感情的投入。多数教练只会当天这样做，过几天就忘记了，要知道，只要我们感情投入平时做得到位，到顾客续课的时候就会容易得多了，几乎没有第一次成交时的那种艰辛。值得注意的是，维护老顾客的成本最低，也是最有效果的，我们的花费只是开发新顾客的1%。我在做教练的时候，如果到了该续课的时候，只要与顾客一说，顾客二话不说马上就会刷卡购买，有些顾客还会很热情地表示如果我需要突击指标的话，他们可以多刷些资金。所以说，为顾客进行情感投入是非常重要的，我们一定要用心地关心顾客，爱护顾客。只有投入更多，我们才能获得更多。平时给顾客送些礼物，做一些小恩小惠也是必要的。我们要持续成交顾客，更需要付出耐心。当然，我们需要注意的是，对于不同类别的顾客，我们应当付出不同的代价；对于档次较高的 A 类顾客，我们应当重点关心，重点地进行感情投入，只有这样才能提高优质顾客对我们的"黏性"。

十二、"勾魂"计

所谓"勾魂"计，就是紧紧抓住顾客的心，做到就像恋爱中的恋人一样相互之间"魂牵梦绕"。我们对这种状态转化一下，可以表现为：每天都给顾客发短信，从不间断；每天都给顾客发微信；每个星期都要打一次电话关心；在顾客重要的日子里，我们都要送鲜花、送礼物。总之，就是我们要在顾客的生命中不断出现。如此一来，顾客会不记得我们吗？顾客能够不想念我们吗？我们谈恋爱的时候，每天都要发好多短信，打好多次电话，如果我们三天发一次短信五天才打一次电话的话，我们与恋人的感情就会下滑，与顾客维系关系同样是这个道理。我们每个月先从 VIP 顾客开始，每天都要按照上面我讲的方法关心、关爱顾客，强化我们教练在顾客心中的印象，在以后的谈判中成交就是顺理成章的事情了。你有没有发现我们身边所有的事情都是一样的？当一个人在我们视线里（比如微信朋友圈里）出现的次数越多，我们对他的记忆就会越深刻。例如一些家喻户晓的广告语，就是因为在媒体上出现的频率高，抓住了消费者的心，所以才会产生那么好的效果，我们的课程推介也应当效法这种"勾魂"方式。

十三、报喜计

所谓报喜计，就是我们定期地在自媒体平台，如微信朋友圈里发自己顾客的健身训练的效果见证、最近训练的视频、最近的学习培训动态、最近推出的最新课程、自己的电视节目采访信息等等。因为微信朋友圈很多人都在用，我们的 A、B、C 类顾客以及潜在顾客也在里面，我们一定要不断地报喜，一是可以影响我们的那些潜在顾客，让他们产生欲望到会所联系我们成为他的私人教练；二是激起那些在我们会所上课频率不高的顾客的热情；三是让那些想退出的顾客坚持下去。这种效果很好，教练可以尝试一下，定期或不定期地在朋友圈里报喜。因为现在都是自媒体的时代，微信朋友圈就相当于我们个人形象的宣传片，所以要活用我们的自媒体平台。

十四、体验计

要让大量顾客参与我们的课程体验，因为只有体验我们课程的人越多，购买课程的概率才会越大；只有更多的人了解我们的教练，才会有更多的人选择我们。我们教练可以定期把自己的潜在顾客约在一起做一些免费的指导，让他们体验我们的专业、我们的服务和用心。销售就是个数字游戏，到了一定的时候就会有一定的结果，业绩的提升就是一个水到渠成的过程。

十五、顾客见证计

世界上最有效的见证就是第三方发言，我们教练说的话顾客有可能不相信，因此我们的教练可以搜集自己所有的顾客见证资料，在微信朋友圈等自媒体平台里转发；建立一个顾客见证相册，在和顾客谈判的时候就能够直接拿出来让顾客看到我们的成绩，并且不断地在朋友圈里分享，这个方法是非常好的。另外，我们还可以要求我们的顾客转介绍自己的健身成果，这样就可以吸引顾客的朋友参与到健身中来。

十六、涨价计

我们的会所每年都会对许多健身项目进行价格调整，有些项目需要涨价，但是涨价就得有涨价的理由。我们要告诉顾客，如果不涨价对顾客会有什么样的不好的地方。涨价的缘由主要有：房租成本、水电费、员工工资上涨，新的课程的引进、新的专业设备器械的投入等。我们一定要给顾客一个涨价的充足理由。涨价可以制造一种恐慌，我们可以慢慢地向顾客提出涨价的事情来，哪怕就长个 10%，我们也要向顾客及时说明白，一定要给顾客一个充足的理由，这个涨价的理由一定是对顾客有帮助的。涨价以后，我们教练的服务品质、服务流程也涨价了，我们的服务会更好，更能满足顾客的需求和超值需求。

十七、饥饿营销计

我们可以把手中的顾客按照 A 类、B 类、C 类进行过滤，然后跟顾客讲："由于手中都是有限额的，每名教练限额为 20 名顾客，现在顾客每周只能来一次，如果你不能来了，我没有办法给你做更好的服务，只好让我的助理教练来为你服务。如果你每周能来上三次或者每月能来上十次课呢，我还是能够为你做一个完整的服务性计划的，由我来负责你的训练。"与顾客这样说的前提是顾客对我们得非常认可和满意。如果原本顾客就对我们不满意，我们这样和顾客交代的话，顾客肯定会认为这是万幸中的万幸。饥饿营销计可以有多种，对新顾客来说可以有赠品，例如可以对顾客说："我手中有三个赠品，只能给晚上七点前到的顾客。"用这样的方法可以激励新顾客提前来上课，当然，方式是多种多样的，抓住这个关键就可以了，限时、限值，我们教练可以灵活掌握。

十八、零风险承诺计

零风险承诺可以说是最重要的一计，也可以说是我们谈业务成交时的撒手锏。正如我们在外面吃饭最担心的是菜的食品安全问题，有没有用地沟油，蔬菜是否新鲜等问题。如果我们去了一家餐厅以后，这家餐厅对我们这样承诺：只要你对我们的所有菜品有任何顾虑，我们会无条件地为你退菜；如果饭不够，我们会免费再上；如果多给你结算了账单，我们全额免单；如果发现我们强推强卖，我们全额免单；如果五分钟之内不上菜，或者四十分钟内不上齐，我们也要全额免单；如果你点的海鲜产品缺斤少两，我们全部免单；如果发现菜里面有添加剂，罚款五万；如果发现我们用了地沟油，罚款五十万。看到这家餐厅如此承诺，我们肯定会很安心地消费的，主要原因就在于这家餐厅解除了我们的内心顾虑，我们担心的事情，这家餐厅都已为我解除了。对于一个顾客来说，我们用这个方法是非常管用的。顾客最担心的是来会所健身没有效果；他的费用有没有比别人多收；同样的计划，他有没有被坑；他买的是不是最便宜的；是不是真的会帮他得到想要的健身效果。对于我们来讲，如果一个顾客来到会所，我们这样给他承诺：第一，如果你根据我们教练的计划方案走，没有得到你想要的结果的话，我们全额退款，因为我们会定期为你进行测试的，测试不是我说了算，也不是你说了算，是有专门的测试仪器进行测试的，当然你会感受得到健身效果的。第二，每次你来上课的时候如果对我的服务不满意，你这次可以不用上课，并且可以随时更换教练。第三，如果你发现你买的和别的顾客一样的训练计划和方案你付出的比别人贵哪怕是一元钱，我承诺全额退款给你，为你免费服务。有了这样的承诺以后，顾客就敢消费了，我们谈业务也就能够顺畅地进行。

💡 **思考**

你在谈业务中如何运用零风险承诺计？

_____

_____

_____

🎬 **经典重现**

1. 教练的服务宗旨是一切以满足顾客的需求为中心的，核心点也就是满足顾客的心理需求。

2. 零风险承诺可以说是最重要的一计，也可以说是我们谈业务成交时的撒手锏。

第十二章
提高成交率的实战方法

为了与顾客成交，达到成交的目的，应根据不同顾客、不同情况、不同环境，采取不同的成交策略，以掌握主动权，尽快达成交易。

在尝试签约时，一旦掌握住签约契机，就应趁早结束商谈。也许，这时候的顾客还是犹豫不决，不过没关系，只要趁着顾客购买欲望还强烈时鼓励他购买，成交机会仍然很大。

下面介绍成交的实战方法，应针对不同的顾客灵活使用。

一、直接要求法

你得到顾客购买信号后，直接提出成交。使用直接要求法时要尽可能地避免操之过急，关键是要得到顾客明确的购买信号。

例如：在得到顾客的明确购买信号之后，我们私人教练拿出合同，可以这样对顾客说："王先生，把你的信息填写一下吧。"这时，一定要记住千万不要有签订合约、合同的字眼出现。当你提出成交的要求后，就要保持缄默，静待顾客的反应，切忌再说任何一句话，因为你的一句话很可能会立刻引开顾客的注意力，使成交功亏一篑。

二、二选一法

你为顾客提供两种解决问题的方案，无论顾客选择哪一种，都是我们想要达成的一种结果。运用这种方法，是尽量让顾客避开"要还是不要"的问题，而是回答"要 A 还是要 B"的问题。

例如："你是选择一周三次一对一的训练呢，还是两次？"这种就是二选一的方式，还有一种就是问，"张总，你是先选择两个月的健身计划呢，还是六个月的健身计划"。或者说，"张总，你是选择基础阶段的健身计划，还是三个阶段的健身计划一起选择？""你是刷卡还是用支付宝？"注意，在引导顾客成交时，不要提出两个以上的选择，因为选择太多反而令顾客无所适从。

三、总结利益成交法

把顾客与自己达成交易所带来的所有的实际利益都展示在顾客面前，把顾客关心的事项排序，然后把课程的特点与顾客的关心点密切地结合起来，总结顾客所有最关心的利益，促使顾客最终达成协议。例如，假如是一个减脂的女性顾客，我们针对顾客的关心点可以这样对她说："你现在开始选择的这份健身计划可以帮助你在两个月后脂肪至少会下降多少公斤，穿衣服更漂亮、更性感，你的腹部会更平坦，你会更自信。你的朋友看到你都会羡慕你，完全是在这两个月的时间里你就会有这样的效果。"总之，顾客选择了什么样的健身课程，我们就会明白她的关心点在哪儿，然后针对这些关心点同她讲，按照我们的健身计划训练后她的这些关心点将取得的好处。

四、优惠成交法

又称让步成交法，是指私人教练通过提供优惠的条件促使顾客立即购买健身课程的一种方法。在使用这些优惠政策时，私人教练要注意三点：

（1）让顾客感觉他是特别的，你的优惠只针对他一个人，让顾客感觉到自己很尊贵，很不一般。

（2）千万不要随便给予优惠，否则顾客会提出更进一步的要求，直到你不能接受的底线。

（3）表现出自己的权力有限，需要向上面请示："对不起，在我的处理权限内，我只能给你这个价格。"然后再话锋一转，"刚刚我看到我们总监正好在，可能会给你一定的优惠，但是给你很大幅度的优惠是不可能的。不过，现在我们这儿正好有一个优惠活动，这边只有两三个名额，我给你一个。"这样顾客的期望值不会太高，即使得不到优惠，他也会感到你已经尽力而为，不会怪你，同时顾客也会觉得你很尊重他，他很尊贵，你把仅有的几个优惠名额给了他一个。

像我平时在谈业务的时候，优惠成交法用的是比较多的。例如，我经常会问"你需要发票吗？不要发票了我到时候申请赠送你一份礼物"。我的想法就是把他直接带到成交环节。还有就是对顾客说："如果今天你可以决定的话，我这边可以跟我们领导为你申请下XX活动的名额。"总之，就是给他一些小实惠，让顾客感觉得到了实惠从而顺利成交。

五、预先框视法

在顾客提出要求之前，你就为顾客确定好结果，同时对顾客进行认同和赞赏，使顾客按自己的说法做，如："我们这套课程是给那些下定决心，想要自己练出一个既健康又健美的体型的人用的。我相信，你肯定不是那种不喜欢有一个健康健美体型的人。"这样，就预先框视了顾客的课程选择范围。

我在跟顾客沟通的过程中，经常会这样对顾客说："张总，其实以前我有个顾客和你一模一样，他现在的体重已经下降到X公斤，脂肪已经减少X公斤了，身体和以前相比有了明显的变化，得到了他想要的健身效果。你的情况和他非常接近，我想如果你选择和他一样的健身计划还是比较适合你的。张总，我在和你沟通的过程中发现你的健身意识特别强，现在我按照他的健身计划先给你做两个月的健身计划。"

这个方法的重点是，在和顾客沟通之前先要告诉他，然后要预先框视顾客我们私人教练以前的某个顾客和他的情况一样，慢慢地将顾客引导至成交环节。在这个过程中，顾客有可能和上面我讲的那样会找出许多抗拒的借口，这时我们要先对其抗拒的理由表示理解，再用我讲的解答顾客二十三个拒绝理由的方法逐步引导顾客签单成交。

六、激将法

激将法是利用顾客的好胜心、自尊心而敦促他们购买我们的私教健身课程。

有个很有趣的例子，一对颇有名望的香港夫妇去大商场选购首饰，他们对一只 9 万美元的翡翠戒指很感兴趣，只因为价格昂贵而犹豫不决。这时，在一旁察言观色的销售员走了过来，她向两位客人介绍说，东南亚某国总统夫人来店时也曾看过这只戒指，而且非常喜欢，爱不释手，但由于价格太高没有买走。经销售员当众一激，这对香港夫妇立即买下了这只翡翠戒指，因为他们要显示自己比总统夫人更有实力。

私人教练在激将对方时，要根据不同性格的顾客采取不同的激将方法，要显得平静、自然，以免对方看出你在激他。

需要我们注意的是，针对不同性格的人激将的方式方法都是不同的。激将法对那些性格比较急躁的顾客是比较有成效的，再有一种就是对那些性格比较外向且有些爱慕虚荣，也就是我们常说的那种爱面子的人也很管用。以前我遇到这样的顾客我会这样说："张总，刚才说这么多了，这些都是你说的，可以看得出来你是一个非常细致的人，事业做得那么成功，对于健身课程你却那么犹豫不决，这应该不是你的性格，我觉得是因为你没有钱买这个课程（注：因为激将是带有情绪色彩的）。我看到你这么喜欢练，你的时间又没有问题，如果你的经济状况比较拮据的话，我可以根据你的实际情况做个比较适合你的课程计划。"通过激将的方式，我们私人教练成交这种性格类型的顾客的概率就会大大增加。

七、从众成交法

顾客在购买课程计划时，都不愿意冒险尝试。一般来讲，凡是没经别人试用过的新的商品，顾客一般都持有怀疑态度，不敢轻易选用。对于大家认可的商品，他们容易信任和喜欢。

一个顾客看中了一台微波炉，却没有想好买不买。销售人员说："你真有眼光，这是目前最为热销的微波炉，平均每天要销五十多台，旺季还要预订才能买到现货。"顾客看了看微波炉，还在犹豫。销售员说："我们商场里的员工也都在用这种微波炉，都说方便实惠。"这样顾客就会很容易做出购买的决定了。

在我的工作中，我经常会这样引导顾客，"我这儿的顾客 80% 都是买过私人教练课程的，除非是一些在健身方面没有自己的投资理念的少部分人，他们没有选择私教，其他的人都买了，只不过是在购买的课程时间长短上不同，像我们这边的王小姐买过，孙小姐买过，还有吴先生买过"。这样，我用列举买过健身课程顾客的方法告诉给这个顾客，让他知道凡是来到会所的大部分都买了健身课程，顾客如果不太相信我说的，我就拿出顾客见证资料，打消他的疑惑，引导他至成交阶段。

八、惜失成交法

这种方法是利用一些人"怕买不到"的心理。很多人对越是得不到、买不到的东西，越想得到它，买到它。一旦顾客意识到购买这种产品是很难得的良机，那么，他们会立即采取行动。

惜失成交法是抓住顾客"得之以喜，失之以苦"的心理，通过给顾客施加一定的压力来敦促对方及时做出购买决定。对于我们销售课程，一般可以从这几方面去做：

（1）限数量，主要是类似于"购买数量有限，欲购从速"。

（2）限时间，主要是在指定时间内享有优惠。

（3）限服务，主要是在指定的数量内会享有更好的服务。

（4）限价格，主要是针对要涨价的课程。

总之，要仔细考虑消费对象、消费心理，再设置最为有效的惜失成交法。当然，这种方法不能随便滥用、无中生有，否则最终会失去顾客。

如何利用惜时成交法？我在平时会向顾客说："张总，你看我为你做了一个这么适合你的健身计划，现在我手头上的服务名额是有限的，这是我们会所提高服务质量采取的名额限制措施，这儿的每一个教练都是这样。我这儿只有两个顾客的名额，你是每天晚上七点钟过来训练的；说真的，七点钟过来的顾客是非常多的，你这么喜欢这套健身计划，我很希望把其中的一个名额给你，你可以参加今天晚上的训练；如果你今天不买，下次再来就没有这样好的机会了。"采用惜时成交法的前提是这个顾客很认可我们的健身课程，然后为了进一步让他感到如果今天不买就会很可惜，我们可以赠送一份礼物，接着我们把他引导至成交环节。

九、因小失大法

因小失大法就是强调顾客不做购买决定是一个很大的错误，有时候即使是一个小错误，也能导致最糟糕的结果。通过这种强化"坏结果"的压力，刺激和迫使顾客成交。

"如果你节省对健康的这点投资，要是以后身体不好生病什么的，你治病花去的钱可是现在的几十倍、几百倍啊！"这个说法实际上就是因小失大法在日常生活中的运用。在这样的例子中，顾客都面临着两种选择，一种是可以得到潜在的利益，而另一种却暗示着很大的风险（如果他不做出购买决定的话）。

我平时在谈单的时候，比如遇到一个女顾客来我们会所减脂，我会说："……根据你的身体情况，现在如果不做科学的健身计划而选择自己训练，在不科学、不正确的训练方式下，你的体脂不但不会下降，而且还有可能上升，最关键的是身体非常容易受伤。想一下，如果是腿部变得更粗，训练的时候膝关节受伤，还浪费了时间，我相信这不是你要的结果。到时候你会花更多的投入来实现你现在的想法。"我们通过因小失大法告诉顾客不买健身课程引发的问题，让她思考，然后我们再引导她到成交环节。

十、步步紧逼成交法

很多顾客在购买之前往往会拖延。他们会说："我再考虑考虑。""我再想想。""我们商量商量。""过几天再说吧。"

优秀的私人教练遇到顾客推托时，会先赞同他们："买东西就应该像你这么慎重，要先考虑清楚。你对这个课程计划还是很有兴趣的吧，不然你不会花时间去考虑，对吗？"他们只好认可你的观点。

此时，你再紧逼一句："我只是出于好奇，想了解一下你要考虑的是什么，是我会所的信誉度吗？"对方会说："哦，你的会所不错。"你问他："那是我的人品不行？"他说："哦，不，怎么会呢？"

你用层层逼近的技巧，不断发问，最后让对方说出他所担心的问题。你只要能解决顾客的疑问，成交也就成为很自然的事。

十一、协助顾客成交法

许多顾客即使有意购买，也不喜欢迅速地签下合约，他总要东挑西选，在课程的选择上不停地打转。此时，你就要改变策略，暂时不谈成交的问题，转而热情地帮助顾客挑选，一旦顾客选定了某一课程，你也就成功地成交了顾客。

十二、对比成交法

写出正反两方面的意见。这是采用书面的方式，直观地进行利弊对比，促使顾客下决心购买的方法。私人教练准备纸笔，在纸上画出一张"T"字的表格，左边写出正面即该买的理由，右边写出负面即不该买的理由。在私人教练的设计下，必定正面该买的理由多于不该买的理由，这样，就可趁机说服顾客下决心做出购买的决定。

十三、小点成交法

先买几节课试练。顾客想要买你的课程，可是又下不了决心时，可建议顾客买几节课先练习观察一下。只要你对课程有信心，虽然刚开始顾客只买了几节课的健身计划，然而在对方试用满意之后，就可能向你购买长期的健身计划。

十四、欲擒故纵法

有些顾客天生比较寡断，他虽然对你的课程有兴趣，可是拖拖拉拉，迟迟不做决定。这时，你故意收拾东西，做出要离开的样子，这种假装告辞的举动，有时会促使对方下决心购买。

十五、拜师学艺法

在你费尽口舌，使出各种方法都无效，眼看课程推荐做不成时，不妨转移话题，不再向顾客推销，而是请教他自己在成交中存在的问题。

"我很肯定这个健身课程能为你带来许多好处，可惜我的口才太差劲，没办法表达我真正的意思。真的很可惜，要是我能说得清楚一点，你一定可以享受到好处。能不能请你帮个忙，告诉我，哪里做得不好，让我可以改进？"

接着，顾客提出不满意的地方。你的回答："我真的没有提到这一点吗？"你诚恳地道歉，继续说明，解除顾客的疑虑，最后当然再度提出成交。当你道歉时，一定要诚恳，否则一旦顾客怀疑你的诚意，恐怕马上会离开了。

十六、批准成交法

在课程推介对话的尾声，你要问顾客是否还有尚未澄清的问题或顾虑。假如顾客表示没有其他的问题，你就把合约拿出来，翻到签名的那一面，在顾客签名的地方做一个记号，然后把合约书推过去对他说："那么，请你在这里批准，你下次来健身，我们就可以开始执行健身计划了。"

"批准"一词胜过"签名"。这时你把整份课程成交合约推到顾客面前，把你的笔放在合约上做好记号的旁边，微笑，并且挺直腰坐在那里，等待顾客的反应。

十七、签单成交法

在成交即将结束的时候，拿出合约并开始在上面填写资料，假如顾客没有制止，就表示他已经决定购买了。如果顾客说还没有决定购买，你可以说："没关系，我只是先把你的信息填好，如果你明天有改变，我会把合约作废，你会有充分的考虑时间。"

"张总，你选的这个课程没有问题，其他方面也不错，而且我们也解决了付款的问题。既然这样，麻烦你把姓名填一下？"这样，引导顾客至最后的签单环节。

十八、体验成交法

很多企业都在使用这种成交法，比如：试开一辆汽车；30 天免费顾客；在家试用 7 天；第一期免费杂志；把复印机送到你的办公室试用两天。

同样，我们私人教练也可以采用这种方法。在工作中，当遇到比较犹豫的顾客我们可以给他先上一节体验课，在训练过程中了解一下我们的私人教练，体验一下我们的服务，看看我们的专业训练能不能真的帮他达到健身的目的，然后顾客再正式购买我们的课程。

这种成交方法也符合当今的体验型消费，让顾客先购买短期的计划，体验一下我们的专业和服务，加深对我们的了解和信任，为其续课做好铺垫。

十九、特殊待遇法

有这样一类顾客，他自认为是全世界最重要的人物，总是要求特殊待遇，例如他个人独享的最低价格。你可以说："张总，你是我们的大顾客，这样吧……或者在你做测试之前，我们店长就特别叮嘱给你做最合适的健身计划，给你享受最优惠的价格。"这个技巧，最适合这种类型的顾客。

二十、讲故事成交法

很多人都爱听故事。如果顾客想买你的健身课程，又担心你的课程某方面有问题，你就可以对他说："张总，我了解你的感受。换成是我，我也会担心这一点。去年有一位王先生，情况和你一样，他也担心这个问题。不过他决定先练习一下我的课程，试练半年再说。但是没过几个星期，他就发现这个问题根本不算什么。"强调前一位顾客的满意程度，就好像让顾客亲身感受。

对于讲故事成交法，在工作中我用得最多的就是顾客见证。谈单的时候我经常拿顾客举例子，"之前某个顾客他身体状况如何，和你的情况一样，他选择了我的健身计划，经过一段时间的训练，现在他得到了他想要的健身结果。还有一位和你身体情况一样的顾客，当时他接受我们的课程，怎么劝他也不管用，现在他的身体亚健康状况越来越严重，已经对他的工作、生活产生了巨大的负面影响。现在社会节奏越来越快，人们的压力也越来越大，每个人都应有一个健身计划，早做健身计划的话就会早一点得到好处"。这样，有对比、有比较，顾客听完之后，会有很大的触动，下一步我们就把顾客引导至成交环节。

💡 思考

你在谈单中如何运用讲故事成交法？

_____

_____

_____

▶ 经典重现

为了与顾客成交，达到成交的目的，应根据不同顾客、不同情况、不同环境，采取不同的成交策略，以掌握主动权，尽快达成交易。

第十三章
如何利用场地开发增加潜在顾客

顾客购买的永远是一种情绪。

——乔·吉拉德

在从事私人教练的这些实践中，我发现利用场地开发的机会是挖掘和增加潜在顾客的大好时机。

所谓场地开发，就是指私人教练在健身场所现场开发顾客，这种营销行为主要是针对健身会所里的顾客。在健身会所的跑步区、健身器械区，有许多正在训练的顾客，这一部分顾客有些人已经购买了我们的私教课程，但是更大一部分人还没有购买。我们教练在现场巡场的时候，要择机开发顾客购买私教课程。简单地说，就是教练如何遵循场地开发的流程，才能最大限度地开发顾客。顾客如果在做动作的时候，我们去做指导，这就是"动作开发"。只要我们的流程到位，不搞形式化，就会有成交的机会。

那么，如何做好场地开发呢？下面我和大家一同分享场地开发的经验。

一、场地开发的方式

（一）有效沟通，现场热情帮助顾客

场地开发中有几个要素是非常关键的，首先就是要让更多的顾客认识你，你就必须要积极指导顾客的训练动作，平时积极地与顾客互动。例如会所现场教练有 20 多个，顾客对教练印象深刻的也就几个，那么顾客对哪些教练的印象最深刻呢？就是那些平时能够给顾客帮助的、为顾客热心提出建议并积极和顾客进行有效沟通的教练。对于这些教练，顾客会对他们的印象非常深刻。如果顾客需要购买私教课程，在第一时间内，他们会先找这些认识的、印象很好的教练。如果这个顾客身边的朋友需要请私人教练，这个顾客同样会把自己的朋友转介绍给他认可的教练。所以，我们的教练只要有一点空闲，就要尽可能地到顾客健身现场与顾客互动，积极热心地帮助顾客，给顾客一些健身指导，这样就会加深我们在顾客中的印象。那么在场地开发过程中，我们私人教练应当遵循一个什么样的步骤呢？先举个例子，例如有个顾客（以张总为例）正在健身房训练做减腹或者仰卧起坐的动作，这时，教练发现这个顾客有潜力，想要发展这个顾客，教练要遵循的流程是这样的：首先和顾客打招呼。"张总，练得不错，动作做得很好，练多久了？"这就是在沟通中先赞美顾客。然后继续沟通："张总，这个动作练得感觉怎么样？"顾客表示感觉还可以。我们接着寒暄："张总，你一周过来几次？"顾客回答："每周两三次。"我们马上说："每周两三次还不错，在这里没有教练过来给你指导吗？"顾客可能回答有或者没有。当我们问完顾客这些情况之后，我们针对顾客的训练动作热心地进行指导，"张总，刚才这个动作如果你这么做的话效果可能会更好，我给你指导一下。"然后马上给顾客纠正动作。在纠正动作中，要指出顾客所做的不规范的地方会对身体有什么伤害。纠正完之后，要求顾客按照我们的指导再进行训练，感受一下纠正前和纠正后的有什么不同，这是最重要的，因为所有的销售都是顾客的感受。顾客会感受到原来他自己练和我们教练指导之后的感受的确不一样，健身还真是需要讲究方式方法的。接下来，我们教练可以这样说："张总，你主要的健身目的是什么呢？"顾客就会按照他自己真实的想法回答。然后，我们说："这样不错，坚持下去，加油呀。你这边有什么需要的话可以过来找我。我是这边的教练某某，只要是健身方面的需求，你可以随时向我咨询，我可以给你一些建议。这样的话，一是你不会受伤；二是你的健身效果会更好一些。"第一次和顾客沟通就是要与他们建立第一印象，只要有了良好的第一印象，下一步就容易开发这个顾客了。因为顾客已经感受到你的热情细致、耐心和专业，已经感受到了你给他的健身体会，这些体会是顾客在以前或者其他地方从来没有感受到的。所以，我们教练在指导顾客时应当比别的教练更细心、更耐心、更热情、更专业，这是我们每一个教练应当具备的最基本的素养。

刚才我在与顾客张总现场沟通指导时已经掌握了他的几个关键信息：一周过来几次、他的时间规律、有没有请教练进行健身指导、有没有购买私教课程。这时我会问顾客："张总你在这儿测试过吗？"如果顾客没有测试过，我可以就此机会引导顾客进行测试，增加我们谈业务、成交的机会。同时，我们应当接着了解顾客的健身目的，也就是了解顾客的需求；借这个机会还可以了解顾客有没有朋友在这儿一块健身。这样，在场地开发的过程中我们把想要了解的一切信息都弄清楚，注意，这个沟通过程要自然，让顾客在不经意间就能向我们披露这些信息。我们教练在场开的时候千万不要采用流程化、形式化的沟通形式，如果采用这种目的明显外漏的沟通方式，顾客可能就会非常反感。因为我们开发这个顾客的时候，或许许多教练已经问过这个顾客相同的问题了，顾客就会很明白我们下一步要做什么了。所以在场地开发过程中，作为私人教练要在不知不觉中从顾客那里得到我们想要的一切资讯。

在场开的时候，我们要先赞美顾客，但要落到实处是最关键的。比如我到顾客面前进行场开时，一见到顾客我就这样说："张总，你的动作不对，这样做会伤腰的，你做这个动作你的腹部是减不了的，你应该这样做……"有些人可能不善于一下子就谦虚地接受别人的建议或者意见，个性非常强，就像上面的例子，顾客可能会这样想，"动作对不对我自己知道，不用你讲"，这样，顾客即使跟我们沟通也是采取一种抵触情绪。但是，如果我们先赞美顾客的训练动作，然后委婉地在不知不觉中引导顾客接受你的指导建议，顾客就会以很正面的心态与我们配合，接下来我们与顾客的沟通就会非常顺畅和有效了。注意的是，有关顾客的训练频率、健身经历以及是否请过私人教练等这些提问，都要在顾客接受你的建议有了正面的感受之后再做提问。在了解到这些信息之后，我们就能够了解到顾客拒绝购买课程的这些表象背后的真正原因，我们很清楚所有的问题都是一个，就是钱和信任的问题，没有信任感就没有成交，建立信任感是一个首要的问题。如果这个顾客在我们沟通之前就有私教已经和他进行过类似的沟通，我们一开始就和他聊课程的问题，顾客肯定是抵触的。所以，一上来我们就要着手与顾客建立信任关系。对我来讲，我跟别的教练不一样。我是先给予，再索取。我先给予顾客我的专业指导、我的热情、我的服务。在这个环节我已经记住顾客的名字了，以后再过来辅导的时候，对他的动作我再稍微进行指导，这样循序多次。通过这种方式与顾客建立了信任关系之后，在再次进行现场指导时，我们可以这样说："张总，今天我正好有时间，可以系统地给你一些建议，到我这儿来填一下你的信息。"这样，就把顾客带入成交环节。当然，在引入成交的环节之前，场开沟通的过程中，我们已经对顾客的资金承受能力、训练频率等所有信息都已经掌握，并且已经与顾客建立了信任关系。

（二）充分利用有氧区机会，与女性顾客沟通

就目前而言，场地开发的策略在全国几乎都是一样的，有瑜伽、动感单车、器械训练、有氧区及多功能训练区等。但在俱乐部中真正来办卡的人，能够合理利用我们器械的人却是非常少。很大一部分人过来只是跳跳操、洗个澡，完了之后就离开会所了；还有很大一部分人上完瑜伽课之后就走了；少部分人来会所练练器械之后也就完事走人了。

当下健身人群中，尤其是女性顾客，她们在思想中有种观念就是练力量、练器械、练哑铃和杠铃是男人的事情，而不是女人该练的。她们担心练了这

些项目之后容易长肌肉，胳膊容易变粗，然后容易变壮，形象很难看。这些想法在 80% 的女性顾客中都存在。现在有些进步了，有小部分女性顾客在力量区进行训练，但是大部分女性的思想意识尚未改变。她们大部分人到会所里练练瑜伽、跳跳操就算健身了。之所以有这样的现象，就是在于私人教练第一次与她们沟通时就没有成交，没有让他们购买我们的课程。这样，在多数情况下，女性顾客是不会到力量区进行训练的。只要顾客不去力量训练区，我们私人教练开发顾客的机会就会变小。所以，在以往的工作中我得出一个经验，对于所有需要场地开发的顾客，我会放在跑步机上。在跑步机上开发我会掌握几个重点：①她跑步的姿势。我会以女顾客的跑步姿势进行开发，发现她存在的不规范的动作，然后以这些作为切入点，与她沟通。②我还会以打招呼的形式与其沟通。我的目的就是要增加我的更多的潜在顾客，要让更多的顾客认识我，而许多有品质的女性顾客更大程度上是我们的潜在顾客。通过观察我发现，许多女顾客在上体操课之前都会上跑步机进行热身训练；到有氧区做十分钟的热身之后才去上瑜伽课；或者是今天她要上瑜伽课，但是来早了，她就会上跑步机进行训练；上体操课也是一样的，到跑步机热身。所以，我们平时在力量训练区接触不到的女性顾客，这就是一个很好的机会。当体操课、瑜伽课开课的前十分钟，我们一定要去跑步机上巡场开发，这是我的经验。所有有质量的顾客都会出现在跑步机上，借此女性顾客的空档时间，我们要走近她们与其进行有效沟通。让她们认识教练，引导她们接受我们一些更专业的指导课程，让她们的健身更有效果，全面提升她们的身体素质；这是场次开发时的一个重点内容。

对于这一点，我们应当注意。通常我们的教练是在力量区进行巡场，在有氧区的场所开发基本上还是一个蓝海市场。因此进入有氧区开发顾客，我们的私人教练面对的竞争就会很小。其实顾客在跑步机上训练的时候是很无聊的，有个会与顾客沟通的教练和她聊天，她们一定会乐于接受的，并且我们一定要记住顾客的名字，这是很关键的。假如这个顾客第一次见面时你就记住了她的名字，过几周之后再见到她，我们能直接叫出顾客的名字，顾客会感到很温馨的。当然，我们私人教练的沟通技巧和水平是非常重要的。如果在与女顾客沟通的时候，不清楚怎么进行有效沟通，她们一定会反感的。我们私人教练应具备说话让人喜欢、做事让人感动的基本功，要让这些女性顾客体会到我们的热情，乐于让我们帮助她们。我们一定要抓住这个机会，发挥自己的沟通水平，促进成交，这是我做教练时的一些经验，与大家分享。

有许多会所的老教练，其业绩都是很平稳增长的，为什么？就是因为他干久了，在场地开发的时候认识的人多，再加上措施方法得当，他挖掘的潜在顾客肯定会很多，业绩平稳上升就是很自然的事情。

（三）现场利用老顾客现身说法，开发潜在顾客

还有一种很有效的开发方式，一般我们教练上课都是以现场上课为主，因为现在的健身会所都有一个一对一的私教区，我上课的时候都会尽可能的在场地上出现。例如我在做一个拉背的动作，做的时候顾客在旁边，这时正好有些顾客在用这个器械，很显然我要以身说法。我这时就要现场指导一下，对顾客的动作进行点评。这时，我自己的老顾客也会帮我说话的。因为只要是老顾客我几乎都会现场带他们训练，所以，我在场地开发的时候，我的老顾客都会表现。这些老顾客就是我最好的"产品"，是我专业和服务的最好"结晶"。顾客看到我塑造的"产品"就在这里，这样，在与顾客沟通的时候，顾客对我的信任感就会增长很多倍，就会大大提高成交率。这就是在场开的时候以顾客现身说法的方式去培养更大一批的潜在顾客，让他们更多地了解我们，作为一个私人教练可以借鉴一下我的做法。但是，在用顾客现身说法的时候，拿来当"样板"的不要用新顾客。新顾客本身对我们还没有很强的信任感，所以如果用这一招，一定要用自己的老顾客，这样效果会很不错的，而且做动作、掌握要领都会非常娴熟。如果顾客本身就是不很理想的，三天打鱼，两天晒网，练了两个月以后什么效果也没有，在场开的时候我们再带上他的话，成功率就会大大下降。所以，我们在场开的时候要合理利用手中的顾客资源，一定要选择好用来场开的顾客，避免"反面教材"的事情发生。例如，一名顾客还没有请私教，好多事情还没有想通，我们如果用他来做场开的顾客，他万一一张口就说"我想自己先练练、我没有时间……"等等的话，

就会使我们的场地开发失败；还有，如果我们挑选的顾客训练效果不理想，这时正好有一个顾客是自己练的，并且效果很好，这一对比，我们自己打了自己的嘴巴，显然在场开的过程中会起到反作用的。这就是在场地开发的时候选对顾客见证的重要性。

（四）现场向其他专业教练推荐

还有一种开发方式，就是你发现场地上有一种顾客，他在做动作的时候有疼痛感，这类顾客是需要康复的，可能不是你的专业，正好我们的团队里有这方面的人才，这时你可以提示自己的伙伴对这类顾客进行开发。像我的团队，发现顾客的教练以及接受推荐的教练，他们开发顾客的业绩都是一人一半的，这样能激励更多的教练在场地上积极地开发顾客。

二、成交的关键——秉持永不放弃的心态

我们私人教练应当有一种永不放弃的心态，只要发现他是我们的潜在顾客，然后通过体测数据以及沟通之后，我们就应具备永不放弃的精神，要积极跟进。跟进顾客是很关键的，任何的销售和成交都是跟进出来的，几乎80%至90%的顾客都需要我们跟进的。就拿我自己在场地开发时候的例子来讲一下。

（一）案例直击

我在以前开发过一个女孩，这个女孩年龄在二十七八岁。我第一次发现她时她正在跑步机上训练，在这个时候我上去跟她打招呼。（在此应注意一个细节，就是千万不要在背后跟顾客说话，应当绕到顾客的前面，在顾客的眼神能看到我们的情况下才能与顾客沟通，以免顾客扭头时受伤。）很多女孩都喜欢到跑步机上热身训练，我觉得这是一个很好的潜在顾客，于是就抓住这个机会。这个女孩的身材微胖，我与她打招呼："你好，美女！今天状态不错呀，跑多久了？"这个女孩不搭理我，于是我说："不好意思，

打扰了。"然后我就走开了。我第二次过来还是看到她在跑步机上跑步，我再一次地跟她打招呼："Hello，你最近坚持不错呀，打算跑多久呢？"这个女孩还是不理我，我还是说了声"加油，不好意思打扰了"，我就又走开了。第三次我又看到她在跑步机上跑步，我仍旧上前打招呼："Hello，美女，你每次都过来跑步吗？"

这个女孩终于开口了："是呀，每次过来都要跑个三四十分钟。"

我说："我看到你每次都过来跑步，很不错，坚持得很好。你每周都跑两三次吧？"

她说："是的。"

我问："你来这儿主要的健身目的是什么？"

她说："就想塑形。"

我问："想塑形，你每次跑步下来感觉怎么样？"

她说："还好吧。"

我问："这儿有教练来帮你做测试吗？没有给你一些建议吗？"

她说："上次测过了，就跟我讲了一下，然后就让我买私教课程。后来我想了想，感觉没有必要，就没有买。"

我说："我是这儿的教练田元棋，我觉得你想塑形的话每天跑步是很难得到你想要的结果的。因为你的身材不是很胖，如果你很胖的话，跑跑步就有可能瘦下去的（说跑步就可以瘦下去，只是一种沟通技巧）。但是我觉得你的身体保持的还不错，只是你的要求比较高，是要塑形吗？"

她说："是的，我对我的腿部和腹部非常不满意。"

我说："你的体型还不错，你要是坚持跑步的话是得不到那样的目的的。这样吧，我今天正好有空，我可以给你指导一下，做一些塑形训练。单纯跑步的话不仅得不到你想要的效果，而且你的腿部有可能变粗的。"

她说："那好吧，我跑下来之后过去找你吧。"

我说："我一会儿可能要赶时间，我八点钟可能就有课了，不如现在我就给你指导一下吧。"

她答应了。

于是，我就把她带到私教多功能训练区，我带她在那儿训练。在练的时候，我几乎没有和她谈成交的问题，我不提钱的事情。在训练之后，我只是每次问她的感觉怎么样，然后我再问她下次来健身的时间，并告诉她如果有健身方面的问题可以直接来找我。因为我知道，这个女孩之前的教练曾经和她谈过购买私教课程的事情，如果这个时候我和她谈私教，她肯定会抵触的。在这之前的教练可能没有给这个女孩作指导，而是急于成交，让女孩产生了反感。于是，我只能反着进行沟通。第七次这个女孩来的时候（每一次我辅导在五分钟左右），我还是给她进行了指导，但是没有谈请私教的事情。

她后来主动说："田教练，你的课程是怎么收费的呀？"

然后，我接着她的问话介绍了我的课程。

她说："你看现在我的身体状况，要想得到我想要的结果得需要多少时间，多少钱呢？"

我说："这样吧，你既然有这个想法，很想学一套更有效的方法，我先帮你做一下测试，对你的身体做进一步的了解之后，我给你计划一下。"

在做完了相应的测试之后，我就设计了比较适合她的健身计划方案。当天，这个女孩购买了8000多元钱的课程。

（二）感悟

我讲这个故事的目的就是要告诉给大家，开发顾客一定要有恒心，有韧劲，有咬定青山不放松的精神。同时，耐心也是很重要的。当下许多教练缺乏耐心，做事情浮躁，往往急于求成，而顾客一般都希望有一个耐心的教练。虽然现在的社会浮躁现象较为严重，但是作为教练的我们应当俯下身段，脚踏实地地用心工作。顾客作为消费者，都是很聪明的，他们不论在哪儿消费，都需要有且享受一个耐心的服务，各行各业都是一样。所以，做一个教练有耐心是很关键的。此外，还应具备持久力。就以上面的例子来说，我就坚持下去，因为我是在帮你，你第一次不理我，我还有第二次、第三次，直到你能和我沟通。对我来说，付出的是对顾客的热情，没有什么损失。同时，我们还应该有好胜心。只要这件事情是好的，我就一定要坚持，我就一定要成交他。另外一点，我们的初心是挣钱为主还是帮助顾客为主，这个也很关键，因为你种不同的因就会得到不同的果。如果是利益的驱使，顾客也肯定感受到；我们是真正地以帮助顾客为目的进行沟通，对方也能真正感受到的。美国著名销售员乔·吉拉德老师告诉我："一切成交都是为了爱。"因为我们成交他就是为了给他更多的爱和关怀；顾客付出的是一定量的资金，但是得到的是成倍的价值回报。如果顾客不买或者买了别人的课程，他就会得不到我的专业服务，就会实现不了自己的超值需求。这一点，我们应当坚信，所以我们一定要做到这个份上。我们想的和做的只有保持一致，才能坚定我们的信念。这样，我们说话才能更有分量，更有底气，对方也才能够感受得到，因为眼神是不会骗人的。我们服务久了，顾客肯定会体会到的。所以，我们要有这样的信念，顾客购买我的课程，就是顾客的幸运：因为我能为顾客提供比市场上更好的服务，更专业的服务，更细心体贴的关怀；我们能够给顾客更匹配、更超值的价值，我是最好的，别人是提供不了的。用这种心态跟顾客沟通的时候，如果顾客拒绝我们，我们也没感觉到失去什么，因为顾客没有购买我们的私教课程是他的损失，也可能这个顾客由于没有买我的课程，但是由于得不到像我那样的专业服务和爱，有可能渐渐就失去健身的兴趣，这是我最痛惜的事情。爱顾客就要以自己最大的胸怀去成交顾客，以最好的耐心跟进顾客，实现我们私人教练的最大价值。

（三）抓住维护重点，学会合理利用时间

我在这儿谈一下感受，就是作为教练，一定要学会合理地利用、分配自己的时间，我们一定要用80%的精力维护为我们产生80%业绩的人。但是，这些能够为我们提供80%业绩的人在我们的顾客总量中只占20%，所以，我们要用80%的时间维护20%的人。这样，才能最大限度地实现我们的时间价值。但是，有些教练却是反其道而行之。打比方，一个很难缠的顾客，最后也就购买十几节课程的顾客，有些教练却花费大量的时间去成交他。我觉得这不是最好的时间安排方法。我建议一定要学会筛选顾客，筛选出潜在顾客和我

们手中已经有的顾客，然后对这两类顾客进行分类。我们一定要用 80% 的精力维护能够为我们带来 80% 业绩的顾客，这些顾客也就是我们的 VIP 顾客，这是个原则。我发现有些教练对我们的 VIP 顾客熟悉了之后，对他们的维护很随意，没有把他们作为重点进行维护，我认为这种做法是不正确的。我们应当用我们最大的精力，悉心维护这些 VIP 顾客。如果以很随意的态度对待 VIP 顾客，我们最终会流失这些最有价值的顾客。不论对 VIP 顾客有多熟悉，我们在日常服务中必须自始至终地加以重视和维护，从而使他们成为我们永久的忠诚顾客，增加他们对我们的"黏性"。总之，作为私教，我们要把时间和精力用在正确的顾客身上，才能实现时间利用价值的最大化。

思考

场地开发中成交顾客的关键是什么？

_____

_____

_____

经典重现

私人教练应当有一种永不放弃的心态。